들어가는 말

초 1, 2학년을 위한
공부 체력 증진 프로젝트

우리 아이의 성장과 발육을 위해 어떤 영양제를 먹이시나요? 비타민, 칼슘, 마그네슘, 아연, 철분, 유산균까지 이것저것 챙겨서 먹여야 할 게 참 많더라고요. 간단하게 딱 한 알로 해결하면 좋을 거 같은데 말이죠.
그래서 여러 가지 성분이 함유된 종합 비타민 젤리 같은 게 나오나 봐요.

초 1, 2학년의 공부도 이와 비슷합니다. 할 게 참 많아요. 우선 한글을 떼야 읽고 쓸 수 있으니 한글 습득은 기본 중의 기본이고요. 국어, 수학 교과서에 나오는 개념도 알아야 하죠. 1에서 100까지 세면서 더하기 빼기도 할 수 있어야 합니다. 어휘력과 문장력이 뒷받침되어야 맞춤법 실력까지 자연스럽게 올라가고요. 연산뿐 아니라 문장으로 된 문제도 소화할 수 있어야 하죠. 여기에 문해력이 더해지면 독해력, 문제해결력, 추론 능력까지 필요합니다.

챙겨야 할 학습 영양제가 많지요? 그렇더라도 모두 학습에 기초가 되는 역량이라 초등학생이라면 꼭 해야 하는 공부임에는 틀림이 없습니다. 공부의 기초를 쌓는 데 주력하는 기적학습연구소는 이렇게 다양한 초등 학습 내용을 어떻게 하면 효과적으로 다룰 수 있을지 고민하다가 초 1, 2학년을 위한 종합 비타민 같은 교재가 있으면 좋겠다는 생각에 《꼭공》을 기획하게 되었습니다.

《꼭공 _ 꼭 필요한 공부》는 유아기를 막 벗어난 초등 1, 2학년을 위해 특별히 고안된 책입니다. 이 시기의 아이들은 여러 개의 알약을 한 번에 삼키기 어렵지요. 그래서 학습의 기초 체력을 다질 수 있도록 꼭 필요한 10가지 학습 영역을 한 권에 모았습니다. 초등학생이 되어 시작하는 집공부인 만큼 너무 어렵지 않게, 알차게 공부할 수 있도록 한 쪽, 한 쪽 공을 들였어요. 그러다 보니 말랑말랑한 종합 비타민 젤리처럼 '오늘은 국어, 내일은 수학'을 번갈아 가며 맛볼 수 있는 특별한 학습서가 되었습니다.
소화하기 힘든 여러 권의 문제집을 사서 앞쪽만 풀고 마는 것보다 아주 경제적이고 효율적이지요!

꼭 필요한 공부, 꼭 해야 하는 공부라면 종합 비타민 같은 《꼭공》을 꼭꼭 씹어서 공부 영양소를 듬뿍 채웁시다.
《꼭공》을 경험한 친구들이 공부의 기초 체력을 탄탄히 다질 수 있기를 기대합니다.
이 책의 캐릭터 '꼭파'는 교과 핵심 개념을 파고들어요. '양파공'은 친구들의 공부 도우미랍니다.
꼭파와 양파공을 따라 《꼭공》의 세계로 빠져 보실까요?

꼭공 학습 설계 | 읽기…쓰기…셈하기
기초 학력 강화에 필요한 10가지 꼭공 능력

초 1, 2학년의 꼭공은 '읽기, 쓰기, 셈하기'를 중심으로 공부의 기초 체력을 키우는 것에 집중합니다.

읽기 | 한글부터 숫자, 교과서 낱말, 문장, 글 등을 읽을 수 있어야 공부의 기초 체력을 튼튼하게 다질 수 있어요. 단어의 의미를 파악하고, 문장 구조를 이해하며, 글의 전반적인 내용을 해석하는 것을 포함하지요.

쓰기 | 자기 생각이나 의견을 문자로 쓸 수 있어야 합니다. 문법, 철자, 문장 구성 등을 포함하여 바르게 쓰는 능력을 길러야 해요. 쓰기는 효과적으로 의사소통을 하는 데 매우 중요한 공부 체력입니다.

셈하기 | 수학적 개념을 이해하고 수치를 다루는 능력이 필요합니다. 연산(덧셈, 뺄셈, 곱셈, 나눗셈) 원리를 이해하고, 알고리즘에 따라 계산 결과를 이끌어 내는 수 조작 과정은 수학적 사고력의 시작입니다.
셈하기는 일상생활에서도 필수적이며, 더 복잡한 수학 개념을 배우는 기초가 됩니다.

꼭공은 초 1, 2학년들에게 다음과 같은 공부 루틴을 추천합니다.

꼭공 공부 루틴 | 학교에서는 매일 국어, 수학 교과서로 공부합니다. 하교 후 집에 와서는 꼭공으로 배운 내용을 한번 정리해 보는 겁니다. 많지 않아요. 오늘 배운 내용을 떠올리며 하루는 국어 2쪽, 다음 날은 수학 2쪽을 차근차근 풀어 보는 거죠. 짧으면 5분, 길어야 10분 내외로 자기만의 공부 습관을 만들 수 있어요.
가랑비에 옷 젖듯 공부 습관을 몸과 마음에 스며들게 하는 거죠. 그럼 어떤 것을 공부할까요?

꼭공은 세 가지 기초 학력 '읽기, 쓰기, 셈하기'를 기반으로 하여
초등 국어, 수학 교과서에서 꼭 공부해야 할 10가지 영역을 뽑았습니다.

우리는 이것을 초 1, 2학년이 꼭 공부해야 할 10가지 꼭공 능력이라고 불러요.

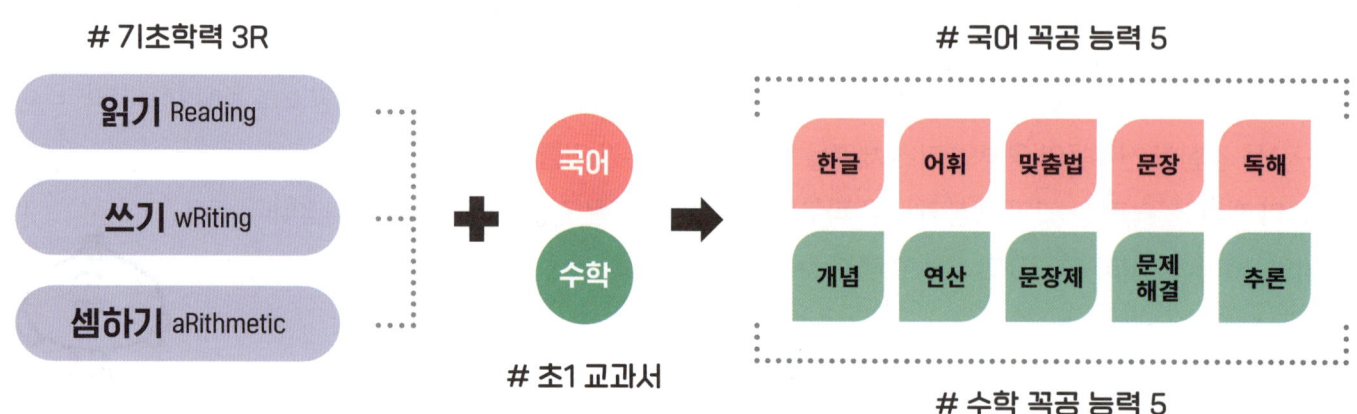

초 1, 2학년이 꼭 공부해야 할 10가지 꼭공 능력

국어

한글 | 한글 자모음에서부터 받침과 복잡한 모음, 쌍자음 등 한글의 구성과 글자의 짜임을 이해합니다. 한글 떼기는 아이의 언어 능력 발달을 위한 필수 단계이자 읽고 쓰는 활동의 밑바탕입니다.

어휘 | 교과서 어휘를 중심으로 수준별 낱말을 습득하고, 정확한 뜻과 쓰임새를 알아봅니다. 어휘의 폭이 넓어질수록 교과 내용을 제대로 이해해 공부 실력을 다지고 문해력을 키울 수 있습니다.

맞춤법 | 우리말과 글을 바르게 쓰기 위한 원칙과 방법을 파악하고 적용합니다. 맞춤법을 잘 알고 지키면 교과 학습 및 의사소통 등에서 잘못된 표현과 오해를 줄여 효과적인 언어생활을 할 수 있습니다.

문장 | 어휘가 모여 문장이 되고, 문장을 익히며 점차 더 긴 글을 읽는 힘을 기를 수 있습니다. 교과서에 나오는 문장 구조를 파악하고, 스스로 하나의 문장을 완성하면서 읽고 쓰기와 친숙해집니다.

독해 | 읽고 이해하는 독해 능력은 국어뿐 아니라 전 과목에서 요구되는 공부의 기초입니다. 내용을 읽고 이해함으로써 모르는 것을 습득하고, 나아가 문제 해결에까지 다다를 수 있습니다.

수학

개념 | 덧셈·뺄셈 원리와 방법, 수학 기호와 용어 등을 익힙니다. 수학은 개념이 점차 심화·확장되는 나선형 학습 설계를 가지므로 해당 학년의 개념을 완벽히 이해하는 것이 중요합니다.

연산 | 자연수의 덧셈과 뺄셈을 연습합니다. 연산은 필수적이며, 이 능력이 부족하면 문제 해결의 실마리를 찾아도 정답을 구할 수 없습니다. 따라서 실수 없이 정확하게 계산하는 연산 능력을 갖추는 것이 중요합니다.

문장제 | 문제를 읽고 문제 속에 숨겨진 연산을 찾아 식과 답을 쓰는 연습을 합니다. 생활 속 수학적 문제 상황을 글로 표현한 문장제를 해결하며 수학이 실생활에 도움을 주고, 문제 해결에 필수적인 학문임을 이해합니다.

문제해결 | 해결해야 할 문제를 정확하게 파악한 다음, 배운 내용을 이용하여 논리적으로 사고하며 문제를 해결합니다. 문제해결력은 수학뿐 아니라 다른 분야의 여러 문제를 해결하는 데 꼭 필요한 역량입니다.

추론 | 배운 내용을 바탕으로 자신이 세운 가설이나 해결 방법을 논리적으로 정당화하는 과정입니다. 낯선 수학 문제의 답을 추측하고, 그 이유를 생각해 보면서 수학적 사고력과 문제해결력을 키울 수 있습니다.

핑크는 국어, 민트는 수학과 관련 있어요. 이 10가지 꼭공 능력을 기르며 학습 기본기를 꽉 채워 봅시다.
꼭공으로 매일 가볍고 즐겁게 공부하면 다음 학년에 올라가서도 아주 수월하게 공부 체력을 키울 수 있고요.
어느새 의젓한 초등학생으로 성장할 겁니다.
오늘 학교 잘 다녀왔나요? 손 씻고, 간식도 먹고 잠깐 쉬었다가 꼭공을 만나 보세요.

기적학습연구소 일동

꼭공! 이렇게 활용해 보세요

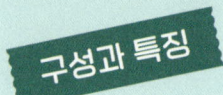
구성과 특징

오늘 공부할 주제는?
초1 국어 교과서, 수학 교과서에서 기초 학력 3R (읽기, 쓰기, 셈하기)을 중심으로 핵심 주제 70가지를 뽑았어요.

오늘은 국어, 내일은 수학 하루씩 번갈아 공부해요!

국어 2쪽, 수학 2쪽이 하루씩 번갈아 가며 나와요. 이 책 저 책 찾을 필요 없이 이 한 권만 쭈~욱 풀면 국어, 수학을 모두 공부할 수 있어요.

01 국어	02 수학	03 국어	04 수학	05 국어
06 수학	07 국어	08 수학	09 국어	10 수학

꼭공 복습
11 종합

국어, 수학을 번갈아 10번 공부하고 난 후, 잘 공부했는지 한꺼번에 확인해 보세요.

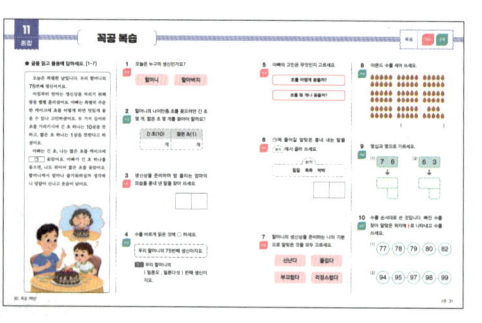

02 수학 — 10개씩 묶어서 세기

01 국어 — 와글와글 동물 농장

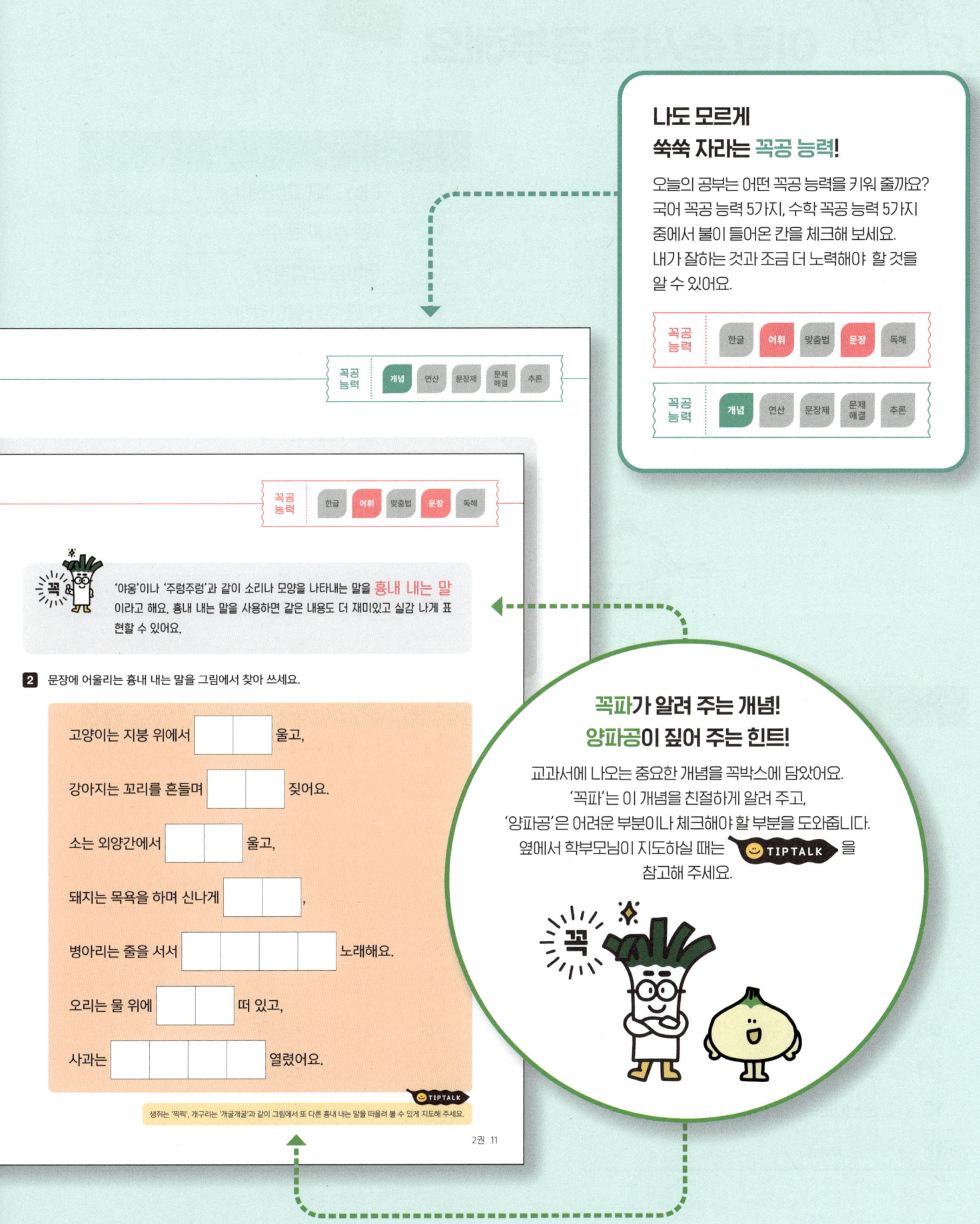

이런 순서로 공부해요 　차례

- 붙임딱지는 정답 앞쪽에 있어요.
- 정답은 책 맨 뒤에 있어요.

꼭공	: 01~11	
01	와글와글 동물 농장	10
02	10개씩 묶어서 세기	12
03	흉내 내는 말	14
04	수를 표현하기	16
05	성큼성큼 온다	18
06	수를 바르게 읽기	20
07	기분을 나타내는 말	22
08	두 자리 수의 구성	24
09	쌩쌩 달리면 위험해	26
10	순서대로 길을 따라가기	28
11	꼭공 복습	30

꼭공	: 12~22	
12	나는 그때 고마웠어	34
13	1 큰 수, 10 큰 수	36
14	쌍받침과 겹받침	38
15	어떤 수가 들어갈까?	40
16	흙의 값	42
17	수 배열에서 규칙 찾기	44
18	겹받침 글자 쓰기	46
19	더 큰 쪽으로 입을 벌리기	48
20	흙이[흘기] 붉대[북때]	50
21	어떤 수가 가장 클까?	52
22	꼭공 복습	54

꼭공	: 23~33	
23	오빠가 끓여 준 라면	58
24	시계 읽기_몇 시, 몇 시 30분	60
25	글쓴이가 하고 싶은 말	62
26	지금은 몇 시일까?	64
27	사계절	66
28	시곗바늘 그리기	68
29	그림일기	70
30	일상생활 속 시계	72
31	무슨 일이 있었나요?	74
32	거울에 비추면	76
33	꼭공 복습	78

꼭공 : 34~44		
34	또박또박 읽고 쓰기	82
35	100이 되는 더하기	84
36	어제, 오늘, 내일	86
37	세 수를 더하기	88
38	문장 부호 쓰기	90
39	10 만들어 덧셈하기	92
40	토끼와 거북	94
41	받아올림이 있는 덧셈 연습	96
42	무엇을 합니다	98
43	마법의 사각형, 마방진!	100
44	꼭공 복습	102

꼭공 : 45~55		
45	아 다르고 어 다르지	106
46	10에서 빼기	108
47	글자 바꾸기	110
48	받아내림 준비	112
49	책을 읽고서	114
50	10 만들어 뺄셈하기	116
51	책 한 권, 나무 한 그루	118
52	받아내림이 있는 뺄셈 연습	120
53	위대한 선물	122
54	멋진 축구 선수가 될 거야!	124
55	꼭공 복습	126

꼭공 : 56~66		
56	도서관 예절	130
57	자리를 맞추어 끼리끼리 더하기	132
58	꽃이랑 벌이랑	134
59	덧셈 연습 ①	136
60	낫, 낮, 낯	138
61	덧셈 연습 ②	140
62	자연스럽게 띄어 읽기	142
63	덧셈식 만들기	144
64	불을 켜고 끄다	146
65	먹이 저장하기	148
66	꼭공 복습	150

꼭공 : 67~77		
67	생존 수영	154
68	자리를 맞추어 끼리끼리 빼기	156
69	대화 간추리기	158
70	뺄셈 연습 ①	160
71	짝꿍이 생겼다	162
72	뺄셈 연습 ②	164
73	모양을 생각하며 글씨 쓰기	166
74	공원 산책	168
75	힘이 센 말	170
76	선생님처럼 채점하기	172
77	꼭공 복습	174

꼭공 국어 수학
01~11

내 이름은 꼭파!
꼭 공부해야 할 것만 콕 짚어 알려 줄게.

나는 수다쟁이 양파공!
공부할 때 내 힌트가 도움이 될 거야.

학습 계획표

꼭공 내용	꼭공 능력	공부한 날
01 와글와글 동물 농장	한글 · **어휘** · 맞춤법 · **문장** · 독해	/
02 10개씩 묶어서 세기	**개념** · 연산 · 문장제 · 문제해결 · 추론	/
03 흉내 내는 말	한글 · **어휘** · 맞춤법 · **문장** · 독해	/
04 수를 표현하기	**개념** · 연산 · 문장제 · 문제해결 · 추론	/
05 성큼성큼 온다	한글 · **어휘** · 맞춤법 · 문장 · **독해**	/
06 수를 바르게 읽기	**개념** · 연산 · **문장제** · 문제해결 · 추론	/
07 기분을 나타내는 말	한글 · **어휘** · 맞춤법 · 문장 · 독해	/
08 두 자리 수의 구성	**개념** · 연산 · **문장제** · 문제해결 · 추론	/
09 쌩쌩 달리면 위험해	한글 · **어휘** · 맞춤법 · 문장 · **독해**	/
10 순서대로 길을 따라가기	**개념** · 연산 · 문장제 · 문제해결 · **추론**	/
11 꼭공 복습	**국어** · **수학**	/

01 국어

와글와글 동물 농장

1 그림 속 흉내 내는 말을 소리 내어 읽고 따라 쓰세요.

꼭꼭 능력 | 한글 | 어휘 | 맞춤법 | 문장 | 독해

'야옹'이나 '주렁주렁'과 같이 소리나 모양을 나타내는 말을 **흉내 내는 말**이라고 해요. 흉내 내는 말을 사용하면 같은 내용도 더 재미있고 실감 나게 표현할 수 있어요.

2 문장에 어울리는 흉내 내는 말을 그림에서 찾아 쓰세요.

고양이는 지붕 위에서 ☐☐ 울고,

강아지는 꼬리를 흔들며 ☐☐ 짖어요.

소는 외양간에서 ☐☐ 울고,

돼지는 목욕을 하며 신나게 ☐☐,

병아리는 줄을 서서 ☐☐☐☐ 노래해요.

오리는 물 위에 ☐☐ 떠 있고,

사과는 ☐☐☐☐ 열렸어요.

생쥐는 '찍찍', 개구리는 '개굴개굴'과 같이 그림에서 또 다른 흉내 내는 말을 떠올려 볼 수 있게 지도해 주세요.

02 수학

10개씩 묶어서 세기

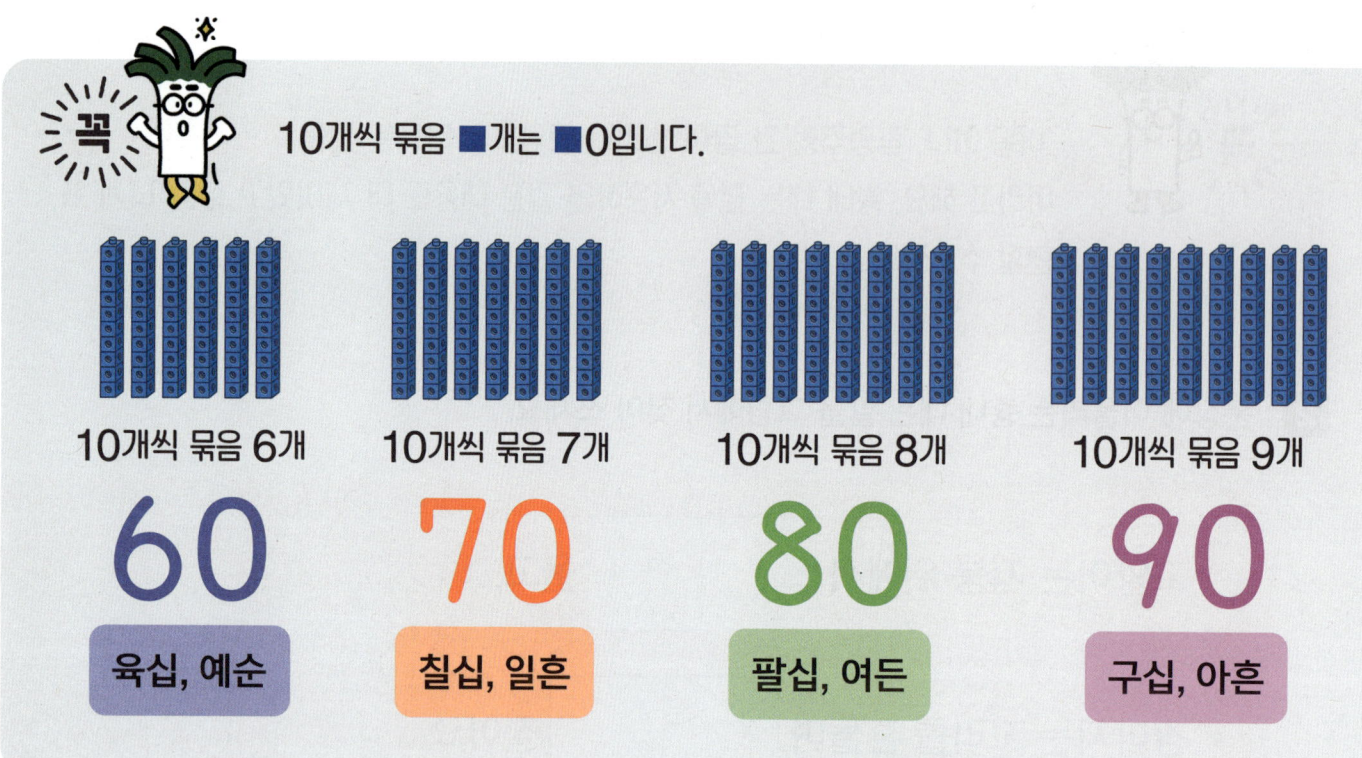

1 10개씩 묶어 세어 □ 안에 알맞은 수를 써넣으세요.

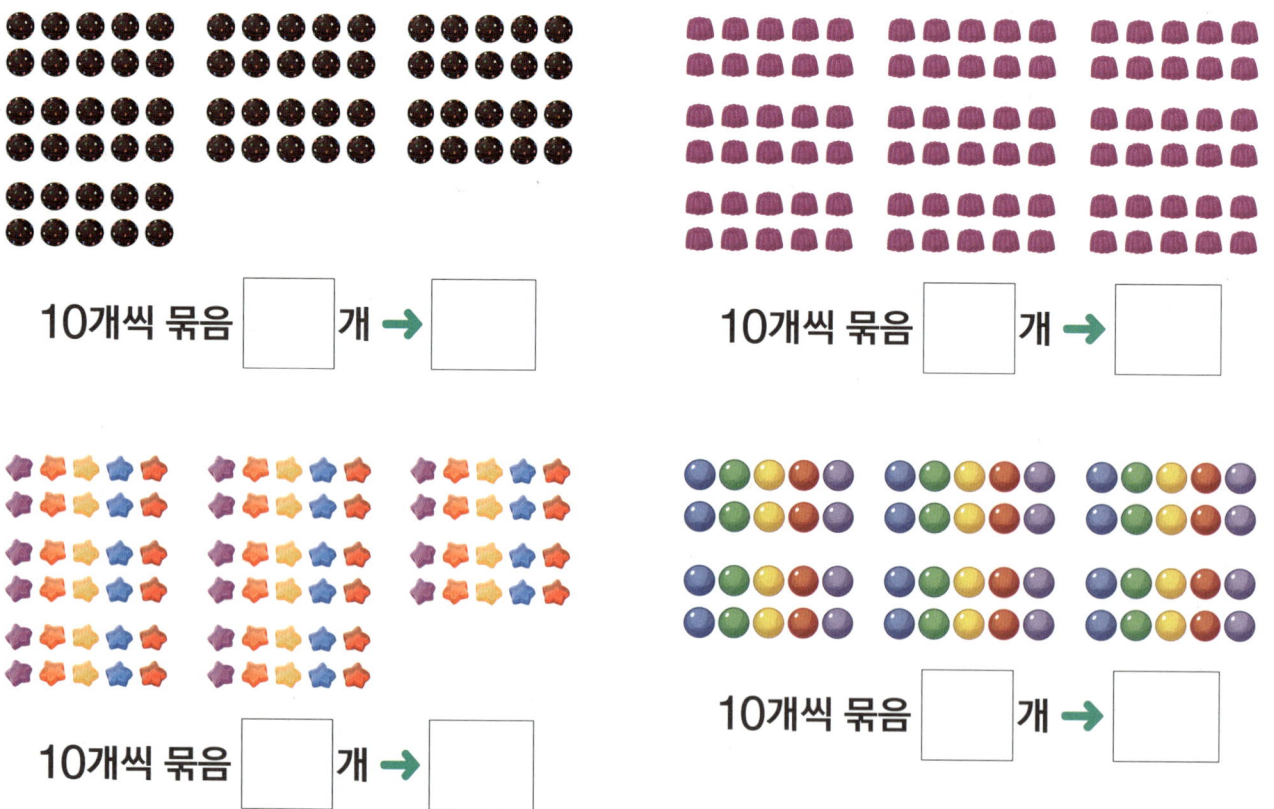

꼭공능력

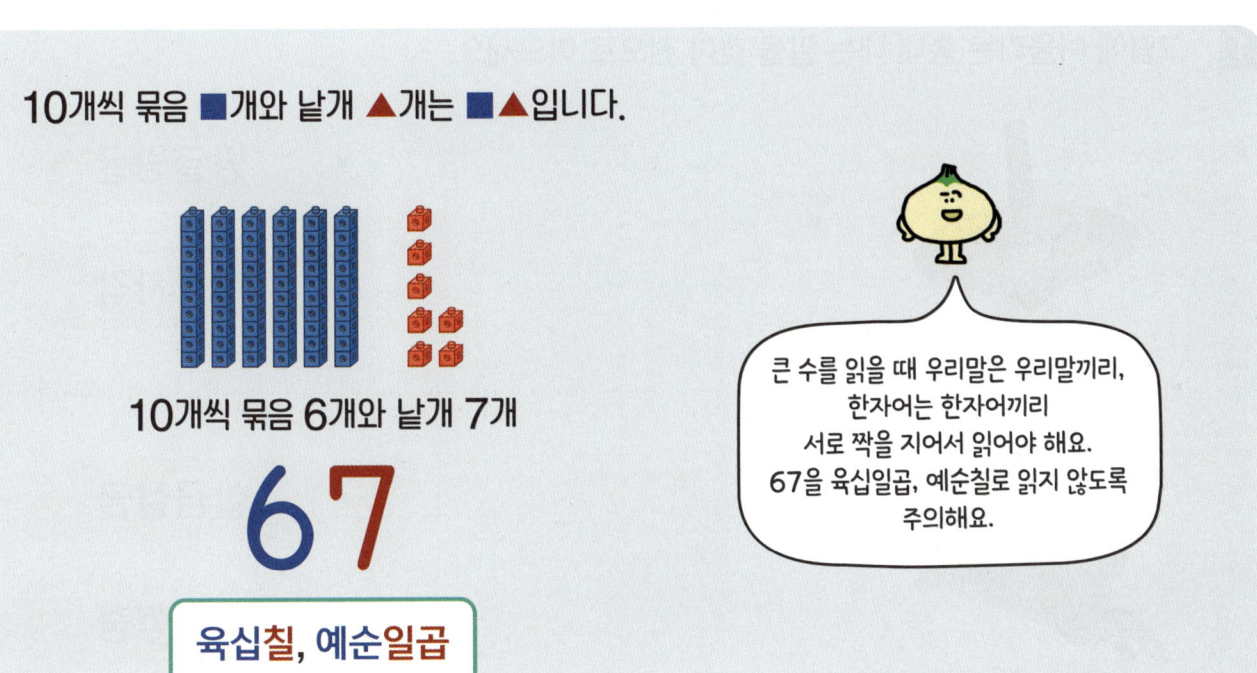

10개씩 묶음 ■개와 낱개 ▲개는 ■▲입니다.

10개씩 묶음 6개와 낱개 7개

67

육십칠, 예순일곱

큰 수를 읽을 때 우리말은 우리말끼리, 한자어는 한자어끼리 서로 짝을 지어서 읽어야 해요. 67을 육십일곱, 예순칠로 읽지 않도록 주의해요.

2 연결 모형을 보고 빈칸에 알맞은 수를 써넣으세요.

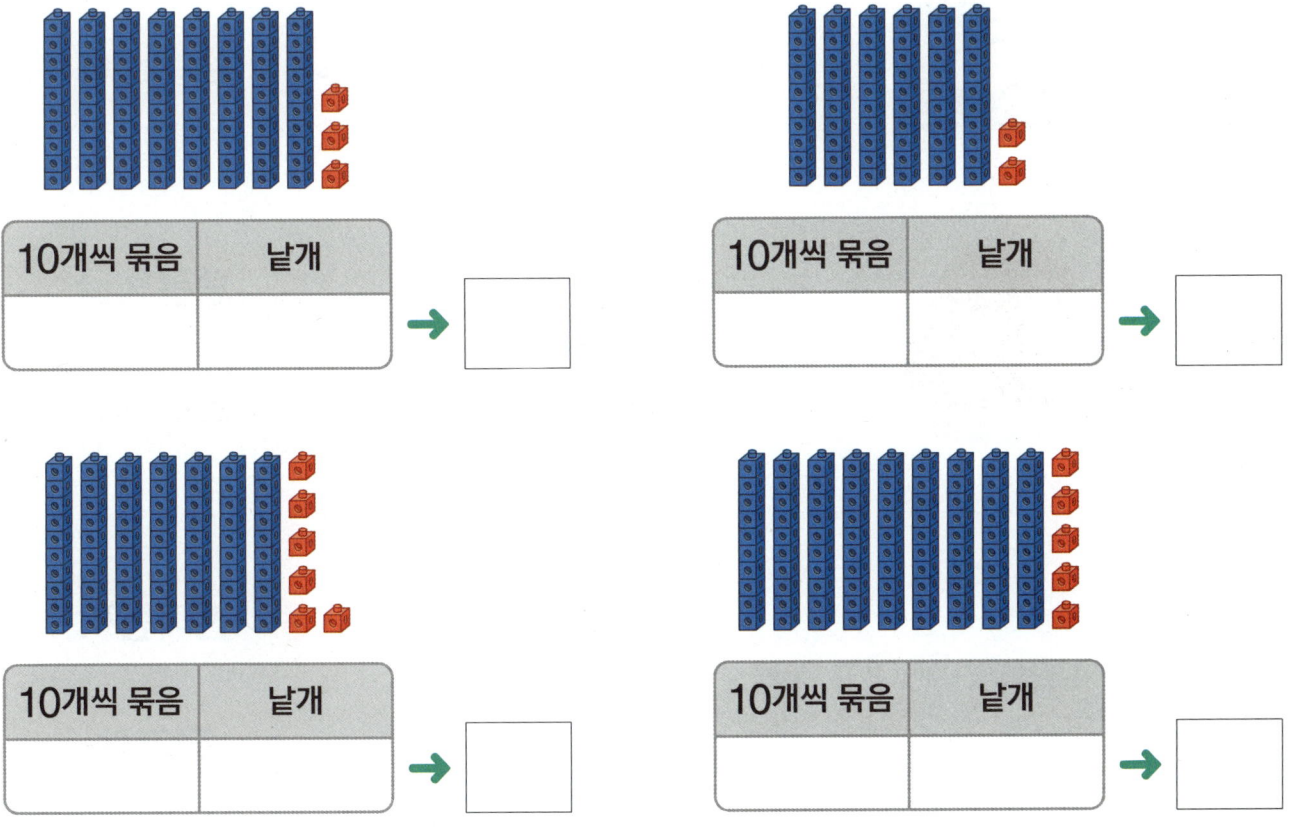

흉내 내는 말

1 그림에 어울리는 흉내 내는 말을 찾아 선으로 이으세요.

- 빙글빙글
- 사각사각

- 살금살금
- 껑충껑충

- 보글보글
- 데굴데굴

- 탱글탱글
- 부스럭부스럭

- 반짝반짝
- 쨍그랑

2 문장에 어울리는 흉내 내는 말을 보기에서 찾아 쓰세요.

보기

깔깔   고래고래   응애응애   덩실덩실
활짝   퐁당   벌컥벌컥   드르렁드르렁

- 아기가 잠에서 깨어 _____ 웁니다.

- 화가 안 풀렸는지 _____ 소리를 지릅니다.

- 따뜻한 봄이 오자 개나리가 _____ 피었습니다.

- _____, 강에 돌을 던졌습니다.

 물에 돌이 빠지는 소리를 흉내 낸 말이 어울려.

- 차가운 물을 _____ 마십니다.

- 내가 개그맨 흉내를 내자 친구들이 _____ 웃습니다.

- 아빠의 코 고는 소리가 _____ 요란합니다.

- 할머니가 기뻐하며 _____ 춤을 추십니다.

04 수학

수를 표현하기

1 주어진 수가 되도록 연결 모형 붙임딱지를 더 붙이세요.

붙임딱지

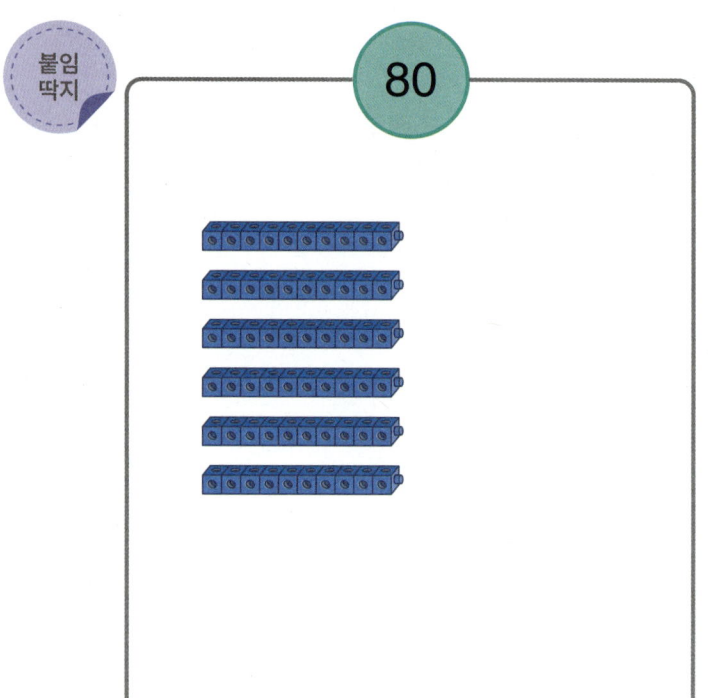

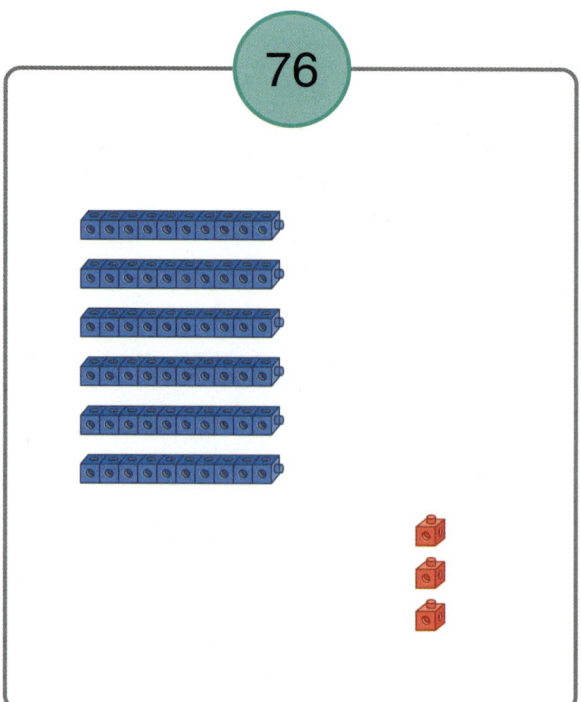

2 공의 수를 세어 ☐ 안에 써넣고, 알맞게 선으로 이으세요.

육십사

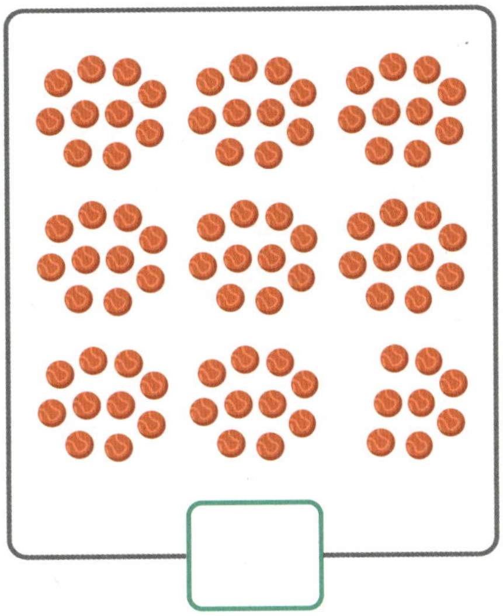

칠십일

팔십팔

일흔하나

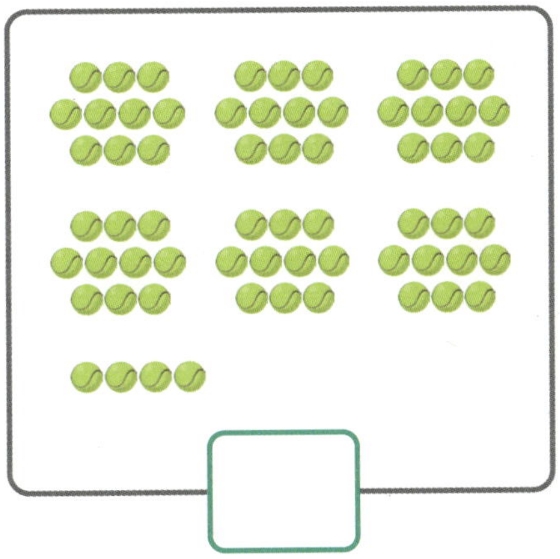

예순넷

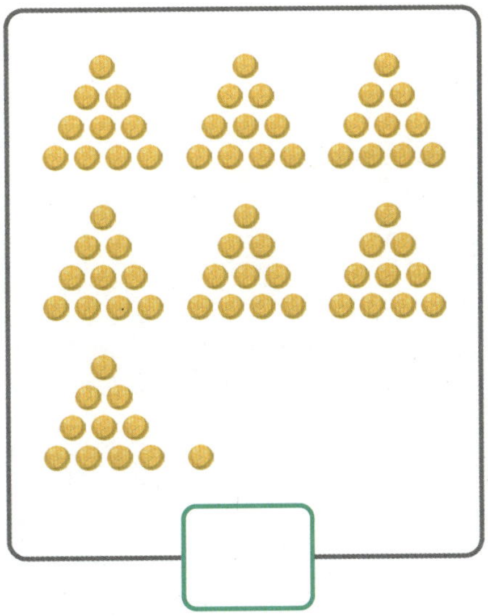

여든여덟

05 국어 성큼성큼 온다

1 다음 글을 소리 내어 읽으면서 흉내 내는 말을 찾아 ○ 하세요.

높은 하늘 위로 새가 훨훨 날아가요.
구름은 둥실둥실 흘러가고요.
바람도 살랑살랑 불어요.

울긋불긋 단풍이 들면
가을이 성큼성큼
온 것을 알 수 있어요.

2 글을 읽고 물음에 답하세요.

● 글에 드러난 계절은 언제인가요?

● 다음 대상의 모양을 흉내 내는 말을 찾아 선으로 이으세요.

새 •　　　　　　　　• 살랑살랑

구름 •　　　　　　　　• 둥실둥실

바람 •　　　　　　　　• 훨훨

● 단풍이 든 모습을 나타낸 흉내 내는 말은 무엇인가요?

반짝반짝　　알록달록　　울긋불긋

● 다음 뜻을 가진 흉내 내는 말을 찾아 쓰세요.

다리를 잇따라 높이 들어 크게 떼어 놓는 모양.

06 수학

수를 바르게 읽기

1 그림을 보고 수를 바르게 읽은 것에 ○를 하세요.

나는 대기 번호 (오십사 , 쉰네) 번이야.

색연필은 모두 (칠십두 , 일흔두) 개입니다.

오늘은 우리 학교의 (육십구 , 아흔여섯) 번째 개교기념일입니다.

내 동생은 키가 (팔십삼 , 여든셋) 센티미터야.

2 문장을 보고 □ 안에 알맞은 수를 써넣으세요.

07 국어

기분을 나타내는 말

1 그림에 어울리는 기분을 나타내는 말을 찾아 선으로 이으세요.

- 기뻐요
- 무서워요

- 화나요
- 행복해요

- 슬퍼요
- 즐거워요

- 신나요
- 놀라워요

2 기분을 나타내는 말을 따라 쓰고, 오늘 자신의 기분을 나타내는 표정을 그려 보세요.

| 신나요 | 즐거워요 | 속상해요 |

| 기뻐요 | 화나요 | 무서워요 |

오늘 기분이 어때? 내 기분을 나타내는 말도 골라 보고, 표정도 그려 봐.

| 슬퍼요 | 놀라워요 | 뿌듯해요 |

| 고마워요 | 행복해요 | 걱정돼요 |

08 수학

두 자리 수의 구성

1 두 수를 모아서 두 자리 수로 나타내세요.

예)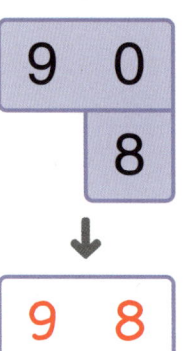
9 0
 8
→
9 8

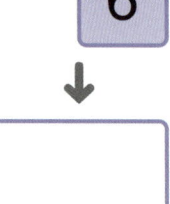
6 0
 6
→

8 0
 2
→

2 몇십과 몇으로 가르세요.

예)
8 3
→
8 0
 3

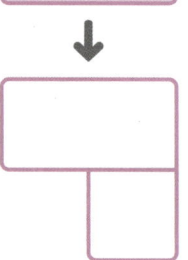
7 5
→

5 7
→

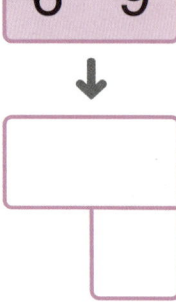
6 9
→

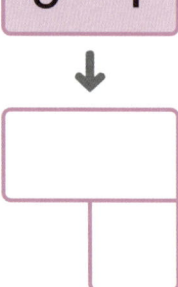
9 1
→

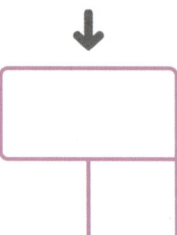
7 4
→

3 문제를 잘 읽고 답을 구하세요.

꽃 가게에 튤립이 10송이씩 7묶음과
낱개 4송이가 있습니다.
튤립은 모두 몇 송이일까요?

답 _____ 송이

빵집에 빵이 10개씩 9묶음과
낱개 2개가 있습니다.
빵은 모두 몇 개일까요?

답 _____ 개

장난감 68개를 한 상자에
10개씩 담으려고 합니다.
장난감은 몇 상자가 되고 몇 개가 남을까요?

답 _____ 상자가 되고,

_____ 개가 남습니다.

체육관에 있는 농구공 81개를
한 바구니에 10개씩 담으려고 합니다.
농구공은 몇 바구니가 되고
몇 개가 남을까요?

답 _____ 바구니가 되고,

_____ 개가 남습니다.

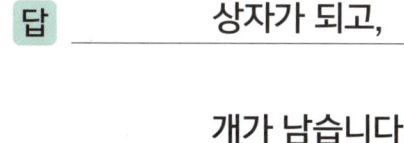

쌩쌩 달리면 위험해

1 다음 글을 소리 내어 읽어 보세요.

나는 자전거를 타고
쌩쌩 바람을 가르며 달렸어요.
신이 났지요.

그런데 돌덩이를 피하려다
꽈당 넘어지고 말았어요.

자전거는 꾸불꾸불 휘어지고,
두 다리에서 피가 흐르자
덜컥 겁이 났어요.
울면서 집에 돌아왔어요.

엄마는 약을 발라 주시고
반창고도 붙여 주시며
다음에는 조심해서 타야 한다고
조곤조곤 말씀하셨어요.

2 글을 읽고 물음에 답하세요.

● 나는 무엇을 탔나요?

● 자전거를 타다가 넘어지는 모습을 흉내 낸 말은 무엇인가요?

쌩쌩   꽈당

● 망가진 자전거의 모습을 흉내 낸 말은 무엇인가요?

꾸불꾸불   조곤조곤

● 나의 기분이 어떻게 바뀌었는지 알맞게 선으로 이으세요.

자전거를 탈 때 •   • 신이 났다.

다쳤을 때 •   • 겁이 났다.

● 엄마의 기분은 어떠했을지 알맞게 짐작한 말을 고르세요.

네가 다쳐서 속상하구나.

말을 안 들어 섭섭하구나.

자전거가 망가져서 귀찮구나.

순서대로 길을 따라가기

1 수의 순서에 맞게 길을 따라가며 미로를 탈출하세요.

→, ←, ↓, ↑ 방향으로만 가야 해요.

2 수의 순서에 맞게 길을 따라가며 미로를 탈출했습니다. 빈 곳에 알맞은 수를 써넣으세요.

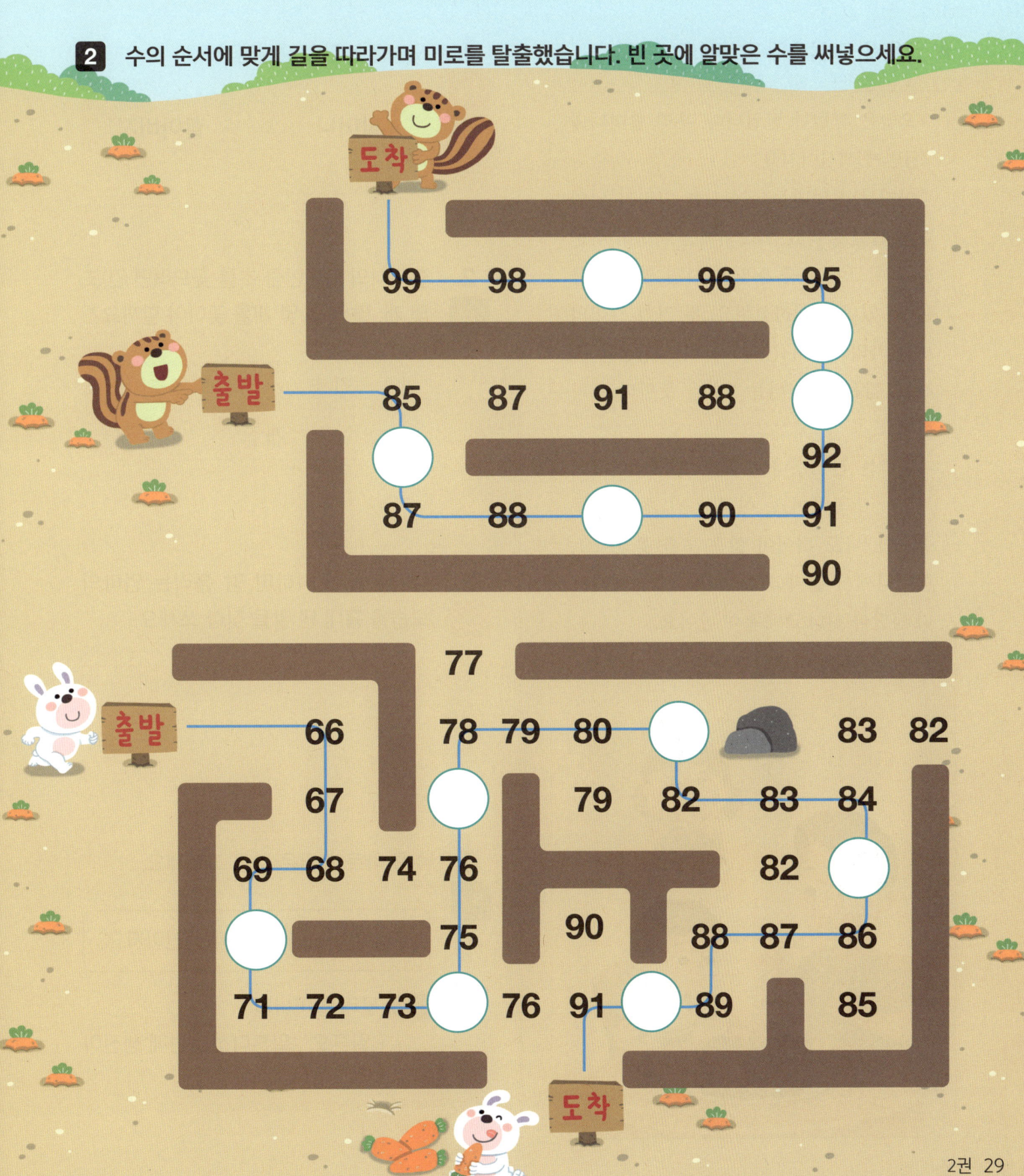

11 종합 — 꼭공 복습

★ 글을 읽고 물음에 답하세요. [1-7]

오늘은 특별한 날입니다. 우리 할머니의 75번째 생신이지요.

아침부터 엄마는 생신상을 차리기 위해 땀을 뻘뻘 흘리셨어요. 아빠는 특별히 주문한 케이크에 초를 어떻게 하면 멋있게 꽂을 수 있나 고민하셨어요. 두 가지 길이의 초를 가리키시며 긴 초 하나는 10살을 뜻하고, 짧은 초 하나는 1살을 뜻한다고 하셨어요.

아빠는 긴 초, 나는 짧은 초를 케이크에 ㉠ 꽂았어요. 아빠가 긴 초 하나를 꽂으면, 나도 뒤이어 짧은 초를 꽂았어요. 할머니께서 얼마나 즐거워하실까 생각하니 덩달아 신나고 웃음이 났어요.

1 [독해] 오늘은 누구의 생신인가요?

　할머니　　할아버지

2 [개념] 할머니의 나이만큼 초를 꽂으려면 긴 초 몇 개, 짧은 초 몇 개를 꽂아야 할까요?

긴 초	짧은 초
개	개

3 [어휘] 생신상을 준비하며 땀 흘리는 엄마의 모습을 흉내 낸 말을 찾아 쓰세요.

4 [개념] 수를 바르게 읽은 것을 고르세요.

　우리 할머니의 75번째 생신이지요.

[읽기] 우리 할머니의
　(일흔오 , 일흔다섯) 번째 생신이지요.

5 아빠의 고민은 무엇인지 고르세요.

초를 어떻게 꽂을까?

초를 몇 개나 꽂을까?

6 ㉠에 들어갈 알맞은 흉내 내는 말을 보기에서 골라 쓰세요.

보기
질질   콕콕   박박

7 할머니의 생신상을 준비하는 나의 기분으로 알맞은 것을 모두 고르세요.

신난다   즐겁다

부끄럽다   걱정스럽다

8 아몬드 수를 세어 쓰세요.

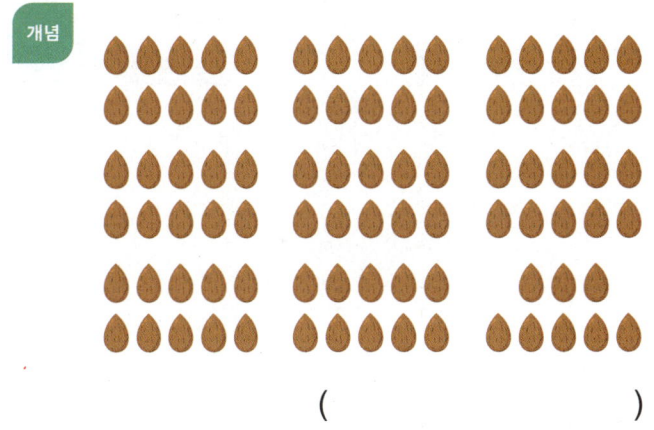

(   )

9 몇십과 몇으로 가르세요.

(1) 7 6 ↓

(2) 6 3 ↓

10 수를 순서대로 쓴 것입니다. 빠진 수를 찾아 알맞은 위치에 ↑로 나타내고 수를 쓰세요.

(1) 77 – 78 – 79 – 80 – 82

(2) 94 – 95 – 97 – 98 – 99

꼭공 국어 수학

12~22

100까지의 수의 순서,
수의 크기 비교를 공부하자!

넓은 낚시터에 갔어!
쌍받침과 겹받침을 찾아봐.

· 학습 계획표 ·

꼭공 내용	꼭공 능력	공부한 날
12 나는 그때 고마웠어	한글 / 어휘 / 맞춤법 / **문장** / 독해	/
13 1 큰 수, 10 큰 수	**개념** / 연산 / 문장제 / 문제해결 / **추론**	/
14 쌍받침과 겹받침	한글 / **어휘** / **맞춤법** / 문장 / 독해	/
15 어떤 수가 들어갈까?	**개념** / 연산 / 문장제 / 문제해결 / **추론**	/
16 흙의 값	한글 / **어휘** / **맞춤법** / **문장** / 독해	/
17 수 배열에서 규칙 찾기	개념 / 연산 / 문장제 / **문제해결** / **추론**	/
18 겹받침 글자 쓰기	**한글** / **어휘** / 맞춤법 / 문장 / 독해	/
19 더 큰 쪽으로 입을 벌리기	**개념** / 연산 / 문장제 / **문제해결** / **추론**	/
20 흙이[흘기] 붉다[북따]	한글 / 어휘 / **맞춤법** / **문장** / 독해	/
21 어떤 수가 가장 클까?	**개념** / 연산 / **문장제** / 문제해결 / **추론**	/
22 꼭공 복습	**국어** / **수학**	/

12 국어

나는 그때 고마웠어

1 그림을 보고, 어떤 상황과 기분일지 생각하며 문장을 완성하세요.

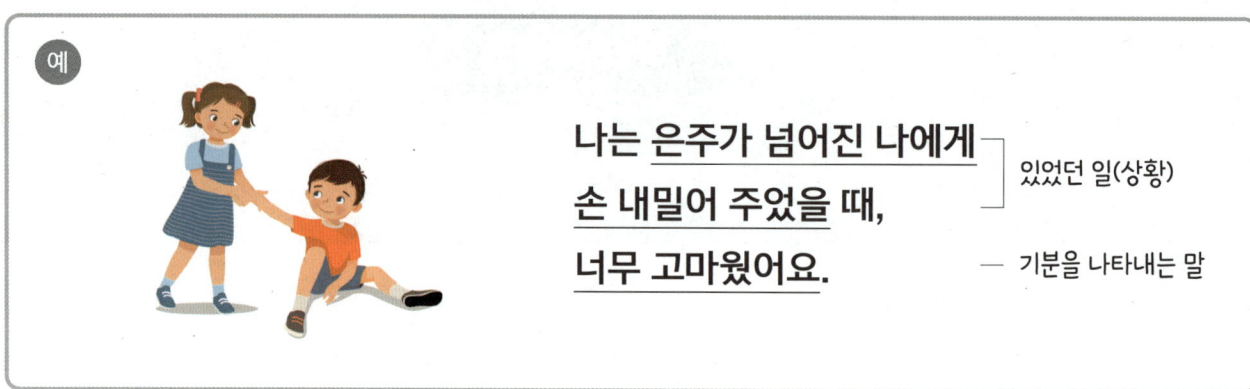

예) 나는 은주가 넘어진 나에게 손 내밀어 주었을 때, 너무 고마웠어요.
— 있었던 일(상황)
— 기분을 나타내는 말

그림이 어떤 상황인지(~ 때), 그 상황에서 어떤 기분이 들지 짐작해 봐.

나는 _____
_____ 때,
_____ .

나는 _____
_____ 때,
_____ .

나는 _____

_____때,

_____.

나는 _____

_____때,

_____.

나는 _____

_____때,

_____.

1 큰 수, 10 큰 수

1 ○ 안에 알맞은 수를 써넣으세요.

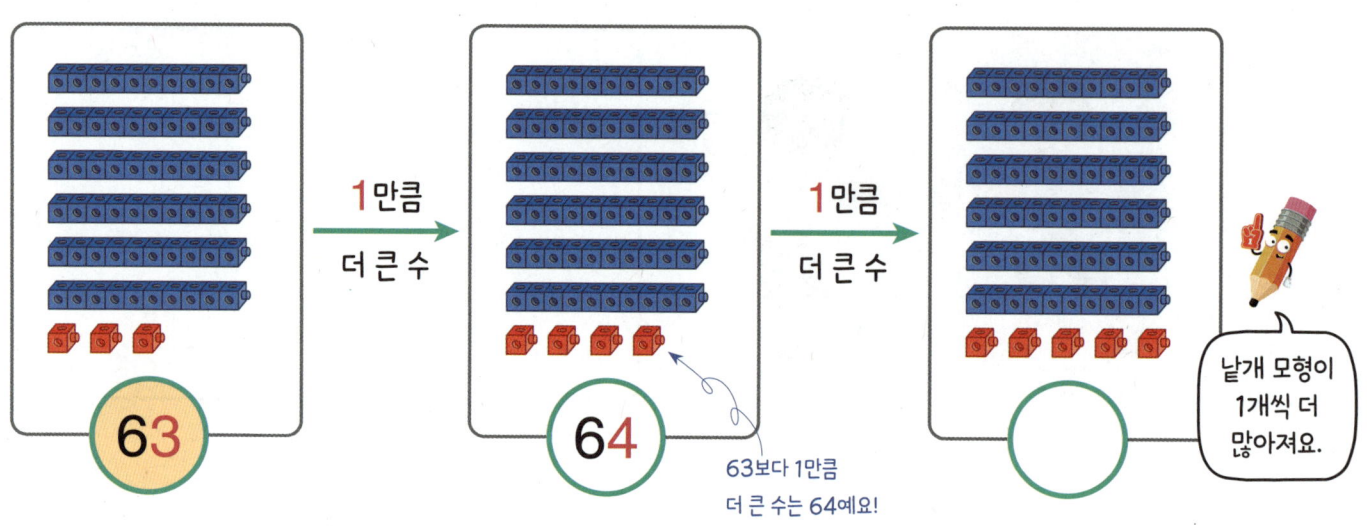

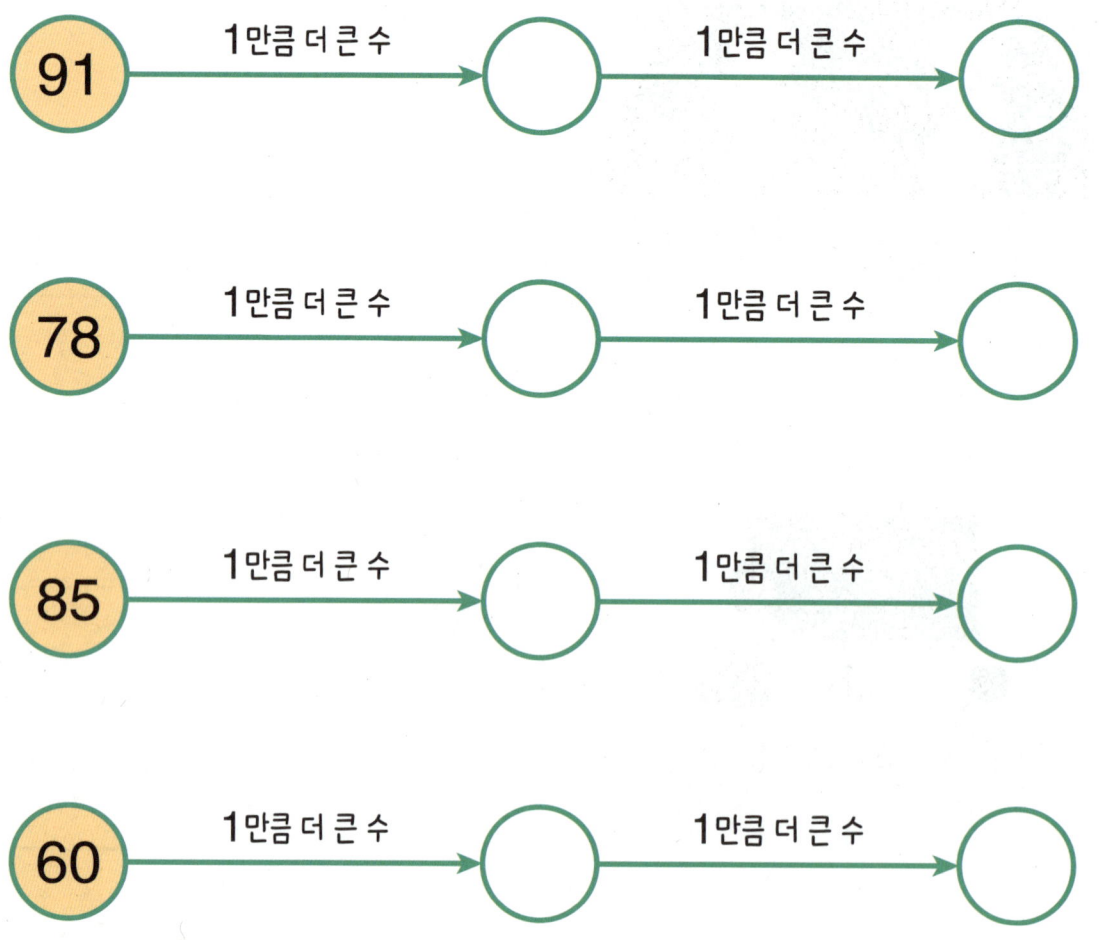

2. ◯ 안에 알맞은 수를 써넣으세요.

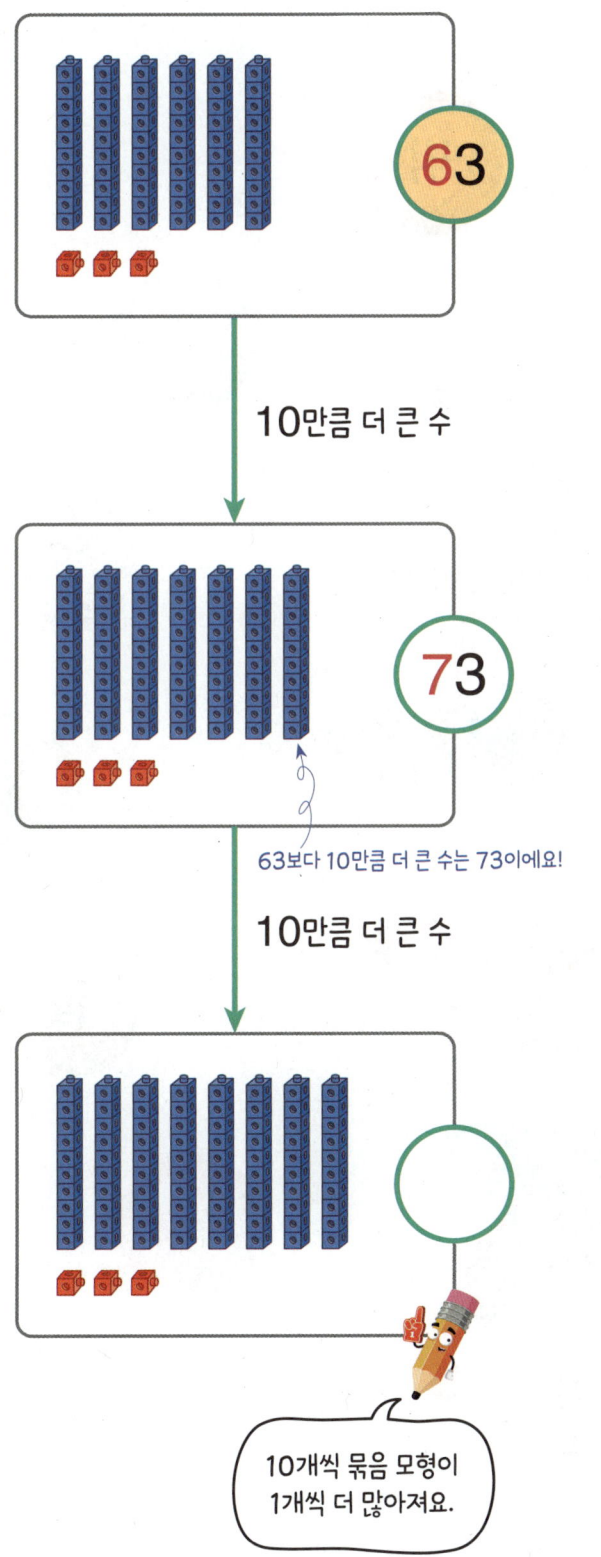

63보다 10만큼 더 큰 수는 73이에요!

10개씩 묶음 모형이 1개씩 더 많아져요.

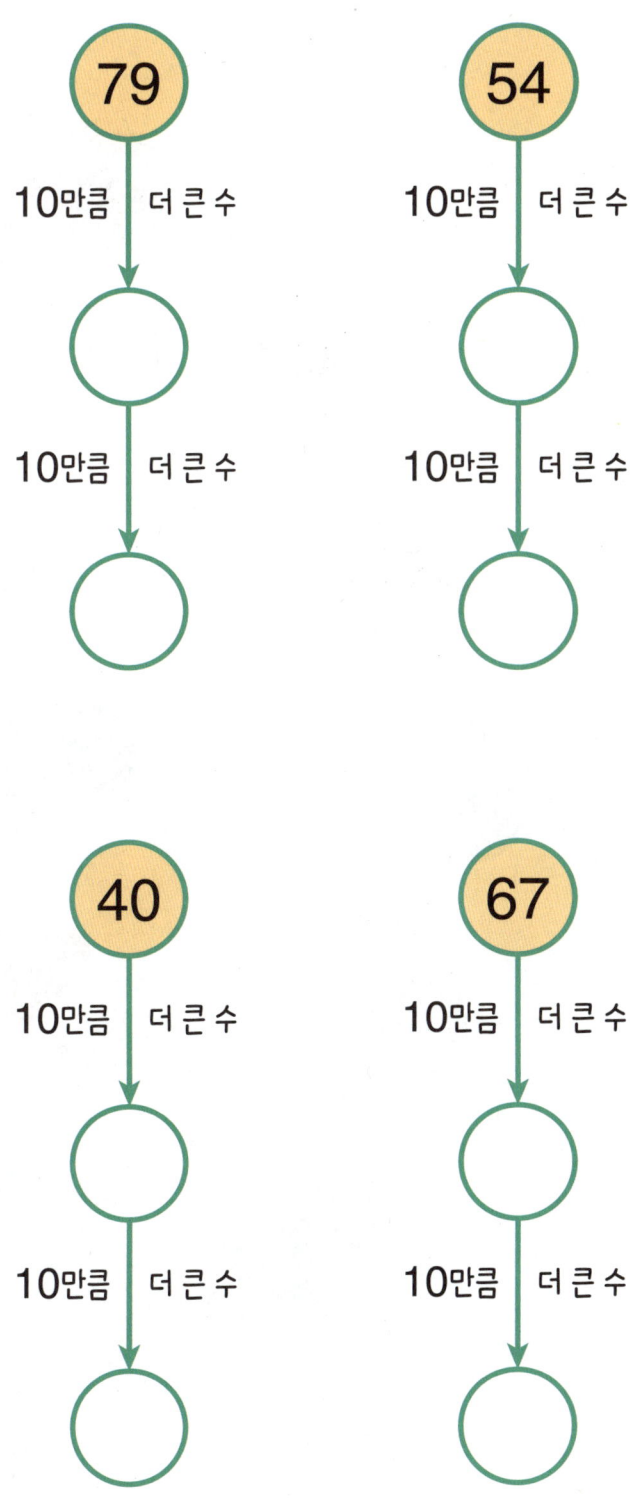

쌍받침과 겹받침

1 받침에 자음자가 두 개인 글자를 모두 찾아 ○ 하세요.

같은 자음자가 겹쳐서 된 받침을 **쌍받침**이라고 했었죠.
ㄲ, ㅆ 이 있어요.

낚시하러 갔다.

서로 다른 두 개의 자음자로 이루어진 받침은 **겹받침**이라고 해요.
ㄺ, ㄼ, ㅀ, ㅄ 등이 있어요.

흙, 밟다, 싫다, 값

2 쌍받침과 겹받침이 들어간 낱말을 보기 에서 찾아 각각 써넣으세요.

보기

닭   값   있다   없다   샀다
낚시   넓다   찰흙   괜찮다

쌍받침   겹받침

15 수학 — 어떤 수가 들어갈까?

1 수의 순서대로 빈칸에 알맞은 수를 써넣으세요.

| 56 | 57 | 58 | | 60 | 61 | | 63 | 64 |

| 84 | 85 | | 87 | | 89 | 90 | | 92 |

| 62 | | 64 | 65 | | | 68 | 69 | |

| 35 | | | 38 | | 40 | 41 | | |

| | | 76 | | 78 | | 80 | | 82 |

| | 93 | | 95 | 96 | | | 99 | 100 |

99보다 1만큼 더 큰 수를 100(백)이라고 해요.

꼭 공 능력 개념 연산 문장제 문제해결 추론

2 놀이공원에 있는 사물함의 번호를 보고 친구들이 설명하는 수를 쓰세요.

수를 순서대로 쓰면 1씩 커져요.

| 61 | 62 | 63 | 64 | 65 | 66 | 67 | | 69 | 70 |

수의 순서를 거꾸로 하여 쓰면 1씩 작아져요.

71		73	74	75	76	77	78	79	80
81	82	83	84	85	86	87	88		90
91	92	93	94		96	97	98	99	100

67보다 1만큼 더 큰 수는?

90보다 1만큼 더 작은 수는?

71보다 1만큼 더 큰 수는?

96보다 1만큼 더 작은 수는?

흙의 값

1 그림에 어울리는 겹받침이 들어간 말을 선으로 이으세요.

   닭 / 닦

   흑 / 흙

   값 / 갔

   몫 / 못

2 그림에 어울리는 문장을 찾아 선으로 잇고, 따라 쓰세요.

- 방이 넓다.
- 방이 밟다.

- 물이 맑다.
- 물이 젊다.

- 구멍을 밝다.
- 구멍을 뚫다.

- 나무가 끓다.
- 나무가 없다.

17 수학 — 수 배열에서 규칙 찾기

1 규칙에 따라 빈칸에 알맞은 수를 써넣고, 규칙을 완성하세요.

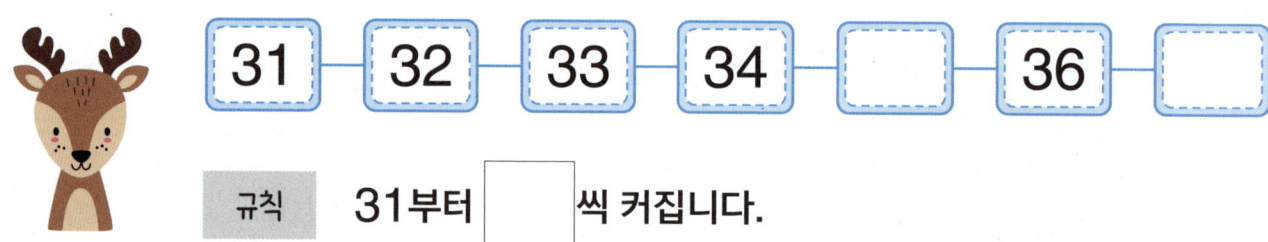

규칙 31부터 ☐씩 커집니다.

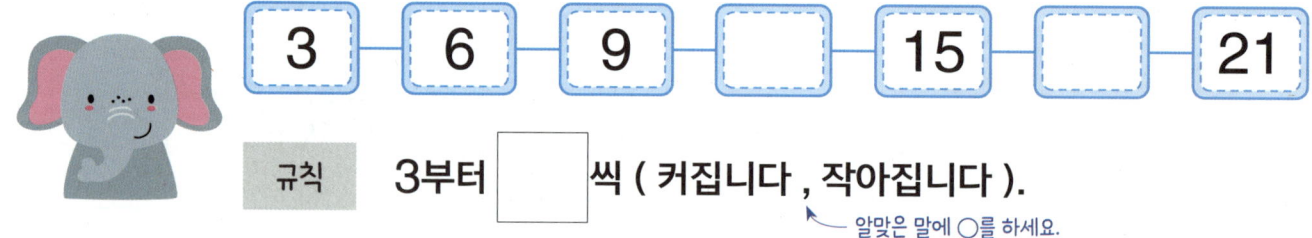

규칙 3부터 ☐씩 (커집니다 , 작아집니다).
↳ 알맞은 말에 ○를 하세요.

규칙 100부터 ☐씩 (커집니다 , 작아집니다).

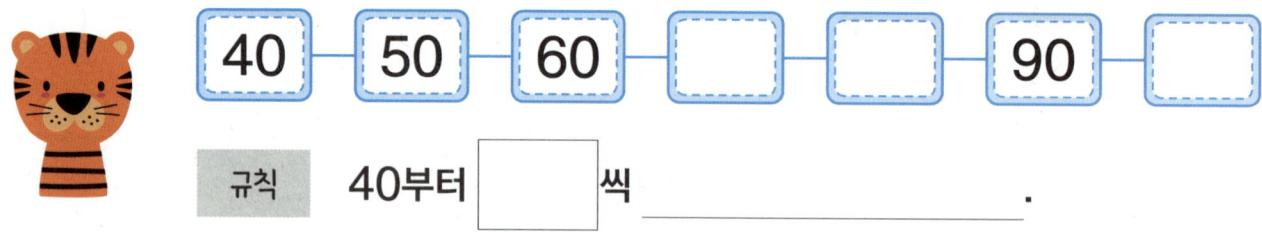

규칙 40부터 ☐씩 _____.

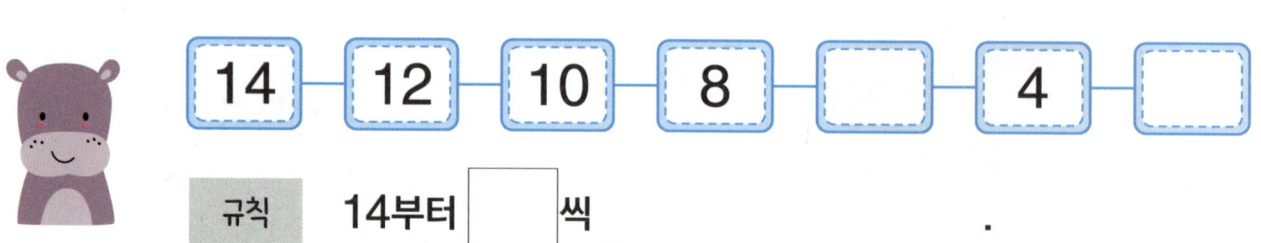

규칙 14부터 ☐씩 _____.

꼭 능력 | 개념 | 연산 | 문장제 | 문제해결 | 추론

2 규칙에 따라 색칠하세요.

수를 둘씩 짝을 지을 때
1, 3, 5, 7, 9와 같이 남는 것이 있는 수를 홀수,
2, 4, 6, 8, 10과 같이 남는 것이 없는 수를 짝수라고 해요.

1	2	3	4	5	6	7	8	9	10
11	12	13	14	15	16	17	18	19	20
21	22	23	24	25	26	27	28	29	30

41	47	53	59
42	48	54	60
43	49	55	61
44	50	56	62
45	51	57	63
46	52	58	64

100	99	98	97	96	95
94	93	92	91	90	89
88	87	86	85	84	83
82	81	80	79	78	77
76	75	74	73	72	71
70	69	68	67	66	65

겹받침 글자 쓰기

18 국어

1 겹받침이 들어간 낱말을 또박또박 쓰고 읽어 보세요.

ㄺ

[익따]
읽	다
읽	다

[북따]
붉	다
붉	다

[막따]
맑	다
맑	다

ㄼ

[널따]
넓	다
넓	다

[짤따]
짧	다
짧	다

[밥ː따]
밟	다
밟	다

ㅀ

[알타]
앓	다
앓	다

[끌타]
끓	다
끓	다

[일타]
잃	다
잃	다

ː 표시는 본래 소리보다 길게 소리 내 읽으란 뜻이야.

| 꼭공 능력 | 한글 | 어휘 | 맞춤법 | 문장 | 독해 |

ㄵ

[안따]
앉	다
앉	다

[언따]
얹	다
얹	다

[끼언따]
끼	얹	다
끼	얹	다

ㅄ

[업ː따]
없	다
없	다

[가ː엽따]
가	엾	다
가	엾	다

[가버치]
값	어	치
값	어	치

ㄶ

[만타]
많	다
많	다

[안타]
않	다
않	다

[괜차나]
괜	찮	아
괜	찮	아

19 더 큰 쪽으로 입을 벌리기

- 10개씩 묶음의 수가 다르면 10개씩 묶음의 수를 비교합니다.

81 > 74

81은 74보다 큽니다.

- 10개씩 묶음의 수가 같으면 낱개의 수를 비교합니다.

62 < 65

62는 65보다 작습니다.

>, <는 나처럼 큰 수 쪽으로 입을 벌려서 써요.

1 두 수의 크기를 비교하여 ◯ 안에 >, <를 알맞게 써넣으세요.

예) 57 < 96

83 63

😊 TIPTALK
◯ 안에 <를 쓰면서 "57은 96보다 작습니다."라고 읽어 보도록 지도해 주세요.
"96은 57보다 큽니다."라고 읽어도 의미가 같습니다.

75 72

68 59

84  90

77 ◯ 95

78  70

2 자동차는 □ 안에 들어갈 수 있는 알맞은 숫자를 따라갑니다. 자동차가 지나는 길을 선으로 나타내세요.

92보다 크려면 □ 안에 어떤 수가 들어가야 할까요?

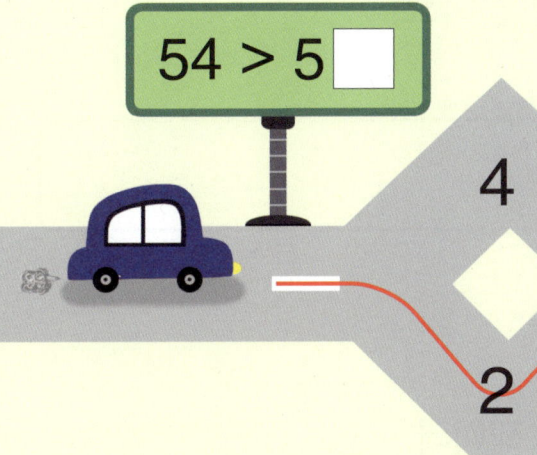

20 국어

흙이[흘기] 붉다[북따]

1 소리 나는 대로 쓴 글자를 바르게 고쳐서 문장을 다시 쓰세요.

삽으로 흘글 팠어요.

줄이 엄는 공책이다.

짤븐 바지를 입었어요.

발근 햇살이 비쳐요.

2 겹받침이 들어간 글자를 따라 쓰고, 공통으로 들어간 겹받침을 빈칸에 쓰세요.

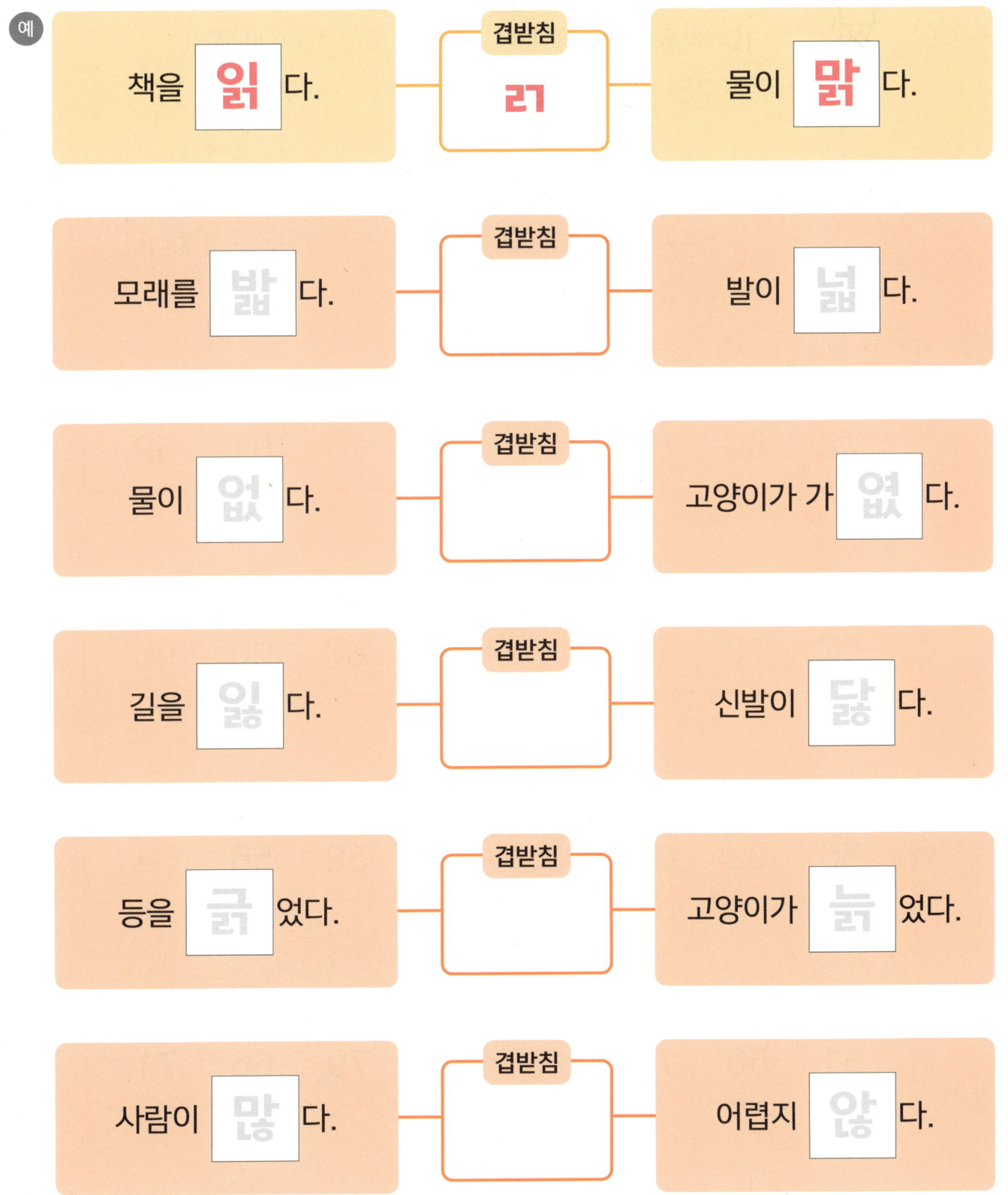

어떤 수가 가장 클까?

세 수의 크기를 비교할 때는 '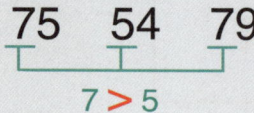'이라는 말을 사용합니다.

① 10개씩 묶음의 수 비교하기

75 54 79

7 > 5

→ 세 수 75, 54, 79 중에서 54가 **가장 작습니다**.

② 낱개의 수 비교하기

75 79

5 < 9

→ 세 수 75, 54, 79 중에서 79가 **가장 큽니다**.

1 가장 큰 수에 ○, 가장 작은 수에 △를 하세요.

| 72 63 69 |

| 74 81 59 |

| 57 70 82 |

| 87 90 95 |

| 86 92 80 |

| 52 58 54 |

| 61 50 77 |

| 79 66 71 |

2. 문제를 잘 읽고 답을 구하세요.

민지는 만두를 91개 만들었고,
건우는 만두를 85개 만들었습니다.
만두를 더 많이 만든 사람은 누구일까요?

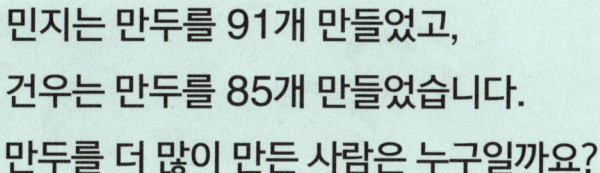

답 _____

편의점에 과자가 68개, 젤리가 76개,
아이스크림이 72개 있습니다.
가장 많이 있는 물건은 무엇일까요?

답 _____

책장에 위인전은 87권,
만화책은 83권 꽂혀 있습니다.
책장에 더 적게 꽂혀 있는 책은 무엇일까요?

답 _____

주차장에 검은색 자동차 69대,
하얀색 자동차 60대,
파란색 자동차 65대가 있습니다.
주차장에 가장 적게 있는 차는 어떤 색일까요?

답 _____

22 종합 · 꼭공 복습

★ 글을 읽고 물음에 답하세요. [1-2]

지수에게

 지수야, 어제 달리기할 때 내 운동화가 벗겨지는 바람에 우리 둘 다 같이 넘어졌잖아? 많이 다치진 않았니?

 그때 아프기도 하고 놀라기도 했는데 무엇보다 나 때문에 너까지 넘어져서 그게 너무 미안했어.

 체육 대회 때는 운동화 끈 단단히 묶어 신을게. 우리 같이 잘 달려 보자.

영지가

1 누가 쓴 편지인가요?

지수   영지

2 영지가 하고 싶은 말은 무엇일지 고르세요.

내 운동화 예쁘지?

달리기에서 1등 하고 싶었어.

나 때문에 넘어진 거 미안해.

★ 그림을 보고 물음에 답하세요. [3-4]

3 제기차기를 했습니다. 청팀은 제기를 92번 찼고, 백팀은 제기를 89번 찼습니다. 두 팀 중에서 제기를 더 적게 찬 팀은 어느 팀일까요?

( )

4 바구니에 공 넣기 경기를 했습니다. 공을 청팀은 63개 넣었고, 백팀은 61개, 홍팀은 68개 넣었습니다. 세 팀 중에서 바구니에 공을 가장 많이 넣은 팀은 어느 팀일까요?

( )

5 그림에 알맞은 낱말을 고르세요.

(1)  뚫다 / 뚦다

(2)  밝다 / 밟다

6 잘못 쓴 낱말을 고쳐 쓰세요.

(1) 말근 물

(2) 책이 만타.

7 보기 에서 알맞은 낱말을 찾아 문장을 완성하세요.

보기: 흙   없다   붉게

(1) 삽으로 _____을 퍼 날랐어요.

(2) 단풍이 _____ 물들었어요.

(3) 하늘에 구름 한 점이 _____.

8 두 수의 크기를 비교하여 ○ 안에 >, <를 알맞게 써넣으세요.

(1) 64 ○ 60

(2) 79 ○ 81

9 빈칸에 알맞은 수를 써넣으세요.

(1) ☐ ←1만큼 더 작은 수― 87 ―1만큼 더 큰 수→ ☐

(2) ☐ ←10만큼 더 작은 수― 87 ―10만큼 더 큰 수→ ☐

10 규칙에 따라 빈칸에 알맞은 수를 써넣으세요.

(1) 55 → 58 → ☐ → 64

(2) 93 → 91 → 89 → ☐

꼭공 국어 수학
23~33

오늘 가장 **기억**에 남는 일은?
그림일기로 나타내 보자.

12시? 12시 30분? 지금은 **몇 시**?
시계를 보고 말해 봐!

학습 계획표

꼭공 내용		꼭공 능력					공부한 날
23	오빠가 끓여 준 라면	한글	어휘	**맞춤법**	문장	**독해**	/
24	시계 읽기_몇 시, 몇 시 30분	**개념**	연산	문장제	문제해결	추론	/
25	글쓴이가 하고 싶은 말	한글	어휘	맞춤법	**문장**	**독해**	/
26	지금은 몇 시일까?	**개념**	연산	문장제	문제해결	**추론**	/
27	사계절	한글	**어휘**	맞춤법	**문장**	독해	/
28	시곗바늘 그리기	**개념**	연산	문장제	**문제해결**	**추론**	/
29	그림일기	한글	어휘	맞춤법	**문장**	독해	/
30	일상생활 속 시계	**개념**	연산	**문장제**	문제해결	추론	/
31	무슨 일이 있었나요?	한글	어휘	맞춤법	**문장**	독해	/
32	거울에 비추면	개념	연산	문장제	**문제해결**	**추론**	/
33	꼭공 복습		**국어**		**수학**		/

오빠가 끓여 준 라면

1 다음 글을 소리 내어 읽어 보세요.

점심을 먹지 않아서 배가 고팠는데
큰오빠가 라면을 끓여 준다고 했다.

나는 국물이 있고 건더기도 많은 라면을 좋아한다.
그런데 큰오빠가 끓인 라면은 비빔라면이었다.

국물이 없는 라면을 무슨 맛으로 먹지?

내 생각이 짧았다.
배가 고플 땐 무엇이든 맛있다.
큰오빠의 라면 끓이는 솜씨는 훌륭했다.
배도 부르고 참 고마웠다.

2 글을 읽고 물음에 답하세요.

● 무엇을 먹었나요?

　　　　　　　　　　　피자　　　라면

● 누가 만들어 주었나요?

　　　　　　　　　　　큰언니　　　큰오빠

● 내가 좋아하는 라면은 어떤 것인가요?

　　　건더기가 많은 국물 라면　　　국물이 없는 짜장라면

● 밑줄 친 낱말을 겹받침을 살려 고쳐 쓰세요.

　　끌인 → ☐☐

3 겹받침이 들어간 낱말을 또박또박 쓰세요.

| 많 | 은 | | 없 | 는 | | 않 | 아 | 서 | | 짧 | 았 | 다 |

24 시계 읽기_몇 시, 몇 시 30분

긴바늘이 **12**를 가리킬 때
짧은바늘이 가리키는 **숫자**에 '**시**'를 붙여 '**몇 시**'라고 읽습니다.

지금 시각은 [쓰기] **3시** / [읽기] **세 시** 입니다.

1 시계를 보고 몇 시인지 쓰세요.

  시

  시

  시

  시

  시

3시, 4시, 10시 30분처럼 어떤 한 순간을 시, 분 등으로 나타낸 것을 '시각'이라고 합니다. 문제에서 많이 나오고, 일상생활에서도 자주 쓰므로 어떤 의미인지 가볍게 알려 주세요.

꼭공 능력

긴바늘이 6을 가리킬 때 '몇 시 30분'으로 읽습니다.
짧은바늘이 숫자와 숫자 가운데를 가리키고 있을 때는
두 숫자 중 지나온 숫자에 '시'를 붙입니다.

 지금 시각은 [쓰기] 10시 30분 [읽기] 열 시 삼십 분 입니다.

30분은 반이라고도 해. 10시 반!

2 시각을 바르게 읽은 것에 ○를 하세요.

　3시 30분 / 4시 30분

　8시 30분 / 7시 30분

　10시 30분 / 9시 30분

　6시 30분 / 5시 30분

　2시 30분 / 3시 30분

　1시 30분 / 12시 30분

25 글쓴이가 하고 싶은 말

자기 물건에 이름을 쓰자

1학년 2반 김은주

우리는 학교에서 여러 가지 물건을 사용합니다. 하지만 가끔 내 물건을 <u>이러버리거나</u> 다른 친구의 물건과 헷갈릴 때가 있습니다. 그래서 자기 물건에 이름을 쓰는 것이 중요합니다.

이름을 쓰면 내 물건을 쉽게 찾을 수 있고, 친구의 물건과 헷갈리지 않습니다.

또, 주인을 잃어버린 물건도 이름이 적혀 있으면 찾기가 쉽습니다. 누군가 주웠을 때 주인을 쉽게 확인할 수 있기 때문입니다. 그러므로 모두 자기 물건에 이름을 써서 더 편리하게 사용했으면 좋겠습니다.

1 글을 읽고 물음에 답하세요.

- 누가 쓴 글인가요?

  2학년   김은주

- 글쓴이의 주장은 무엇인가요?

  자기 물건에 이름을 쓰자   학용품을 친구와 같이 쓰자

- 밑줄 친 낱말을 겹받침을 살려 고쳐 쓰세요.

  이러버리거나 → | | | | | | |

- 물건에 이름을 쓰면 좋은 점을 말한 친구를 모두 고르세요.

 사물함에 넣지 않아도 돼.

 다른 친구 물건과 헷갈리지 않아.

 잃어버려도 쉽게 찾을 수 있어.

 친구 물건과 쉽게 바꿀 수 있어.

 글을 쓴 사람을 **글쓴이**라고 해요. 글쓴이는 글을 통해 자신의 생각을 전해요. 이렇게 글쓴이가 글에서 전하고 싶은 생각을 **글쓴이의 생각**이라고 해요. 글쓴이의 생각은 글 속에 나오기도 하고, 글의 제목에 나타나기도 해요.

26 수학

지금은 몇 시일까?

1 시계를 보고 시각을 쓰세요.

2 같은 시각끼리 선으로 이으세요.

전자시계는 바로 읽을 수 있지!

원래 이 자리에 어떤 숫자가 있었더라?

 •

 •

 •

 •

27 국어

사계절

1 그림에 어울리는 계절을 쓰고, 각 계절과 관계 있는 낱말을 아래에 쓰세요.

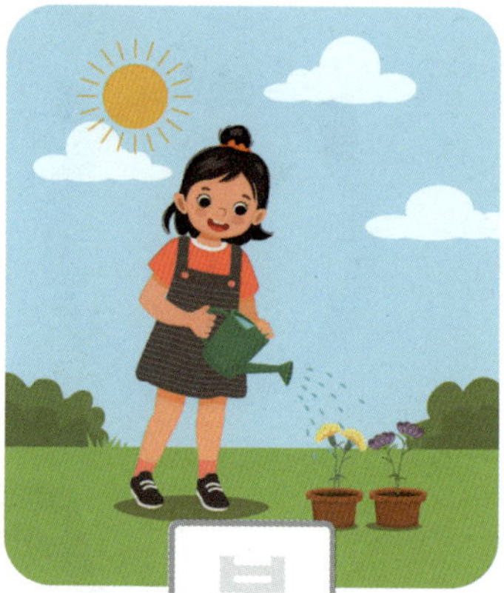

봄

따뜻하다

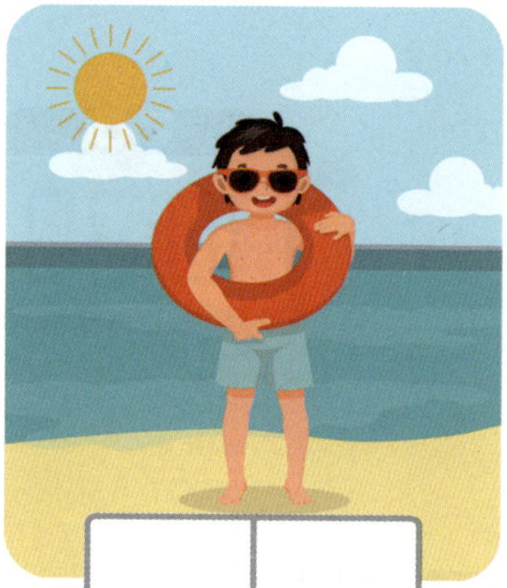

땀

2 **1**에서 쓴 낱말 중 하나를 골라 짧은 문장을 만들어 보세요.

봄 | 예 봄은 따뜻하다.

여름 |

단풍

목도리

가을

겨울

시곗바늘 그리기

1 시각에 알맞게 짧은바늘과 긴바늘을 그려 넣으세요.

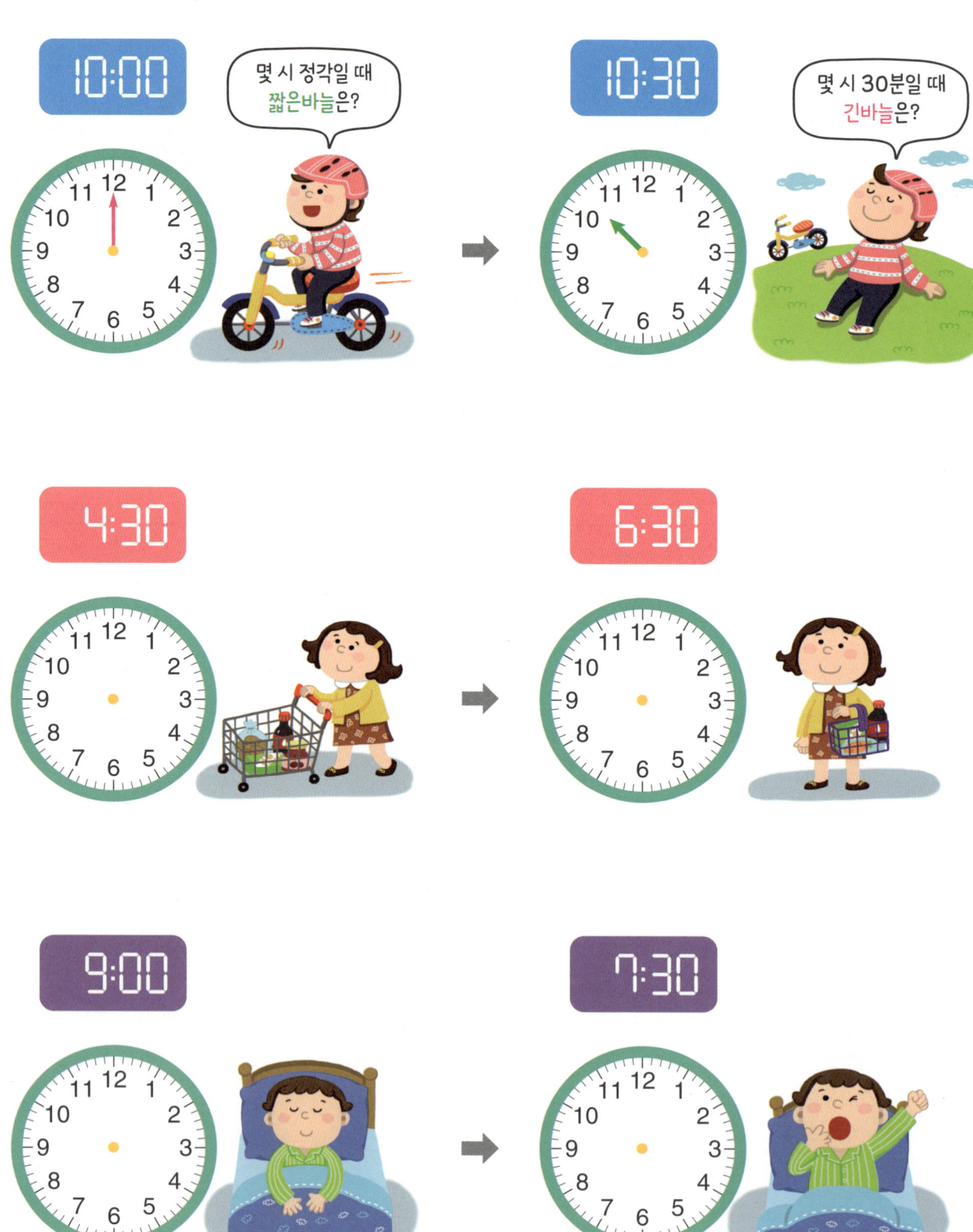

2. 규칙을 찾아 알맞은 말에 ○를 하고, 같은 규칙으로 미로를 빠져나가세요.

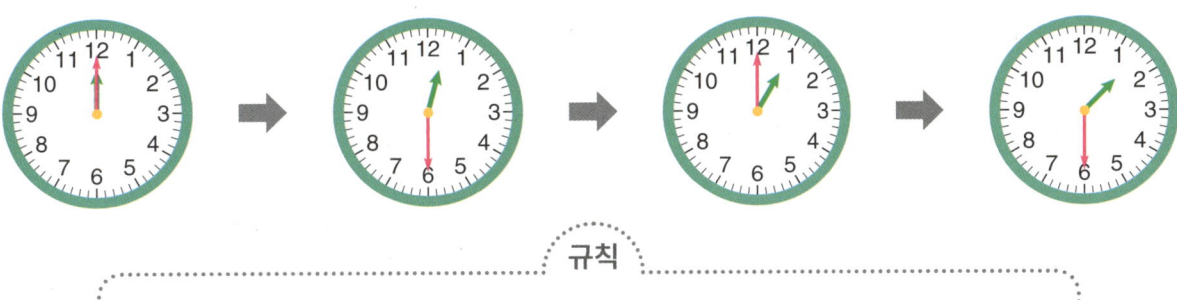

규칙

시계의 긴바늘이 (한 , 반) 바퀴씩 도는 규칙입니다.

그림일기

그림일기는 하루에 경험한 일 가운데에서 기억에 남는 일을 골라 글과 그림으로 나타낸 일기예요.

1 주연이가 쓴 그림일기를 읽어 보세요.

20○○년 10월 2일 토요일   날씨: 구름이 낌.

	엄	마	랑		백	화	점	에
갔	다	.	엄	마	랑		쌍	둥	이
신	발	을		사	고		빙	수	도
먹	었	다	.	아	빠		신	발	을
못		사	서		아	쉬	웠	다	.

2 그림일기에는 어떤 내용이 들어갈까요? 보기 에서 알맞은 말을 찾아 빈칸에 쓰고, 문장을 완성하세요.

> 보기
> 그림   기억   날씨   생각이나 느낌

① 오늘 있었던 일 가운데 가장 _____에 남는 일을 하나 고릅니다.

날짜와 요일, 날씨

② 날짜와 요일, _____을/를 씁니다.

③ 경험한 일 가운데에서 가장 중요한 장면을 정하고, 경험이 잘 드러나도록 그립니다.

글

④ 누구와 어디에서 무엇을 했는지 자세히 씁니다.

경험에 대한 _____도 함께 씁니다.

일상생활 속 시계

1 주홍이의 계획표를 보고 알맞은 시계 붙임딱지를 붙이세요.

7시 30분	일어나기	2시	놀이터에서 놀기
10시 30분	책 읽기	4시 30분	분리수거하기
12시	점심 먹기	6시	목욕하기

2 지혜가 그림일기를 쓰고 있습니다. 그림을 보고 □ 안에 알맞은 수를 써넣으세요.

즐거운 가족 여행!

20○○년 5월 10일 토요일   날씨:

오늘은 가족 여행을 떠났다. ☐시 ☐분에 차를 타고 출발했다.

2시간이나 걸려서 도착했다. 오래 걸리긴 했지만 경치가 매우 좋았다.

점심은 꽃나무 아래에서 ☐시 ☐분에 먹었다.

☐시에는 근처 공원을 산책했다. 매우 즐거웠다.

31 무슨 일이 있었나요?

경험한 일을 그림일기로 쓸 때는 먼저 하루 동안 있었던 일을 아침, 낮, 저녁의 시간 흐름에 따라 차근차근 떠올려요. 그리고 가장 기억에 남는 일을 골라 일기로 쓸 내용을 정리해요. **언제, 어디에서, 누구**와 있었던 일인지, **무슨 일**이 있었는지를 떠올리고, **생각이나 느낌**도 함께 써요.

1 주말에 있었던 일을 떠올려 보고, 기억에 남는 일을 골라 정리해 보세요.

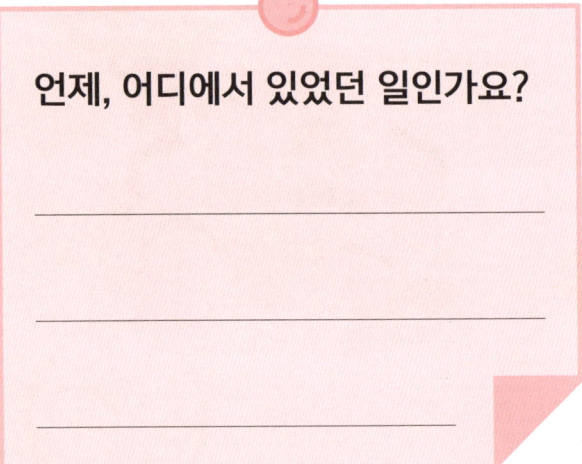

언제, 어디에서 있었던 일인가요?

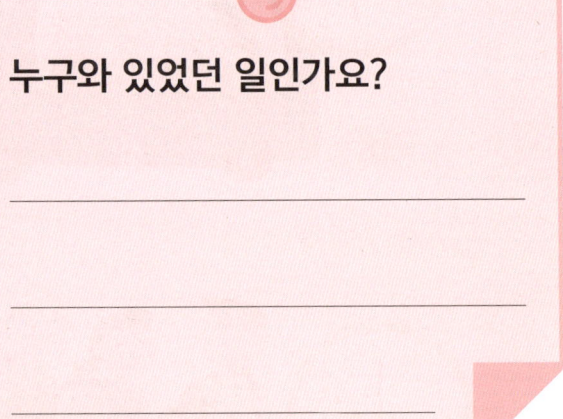

누구와 있었던 일인가요?

무슨 일이 있었나요?

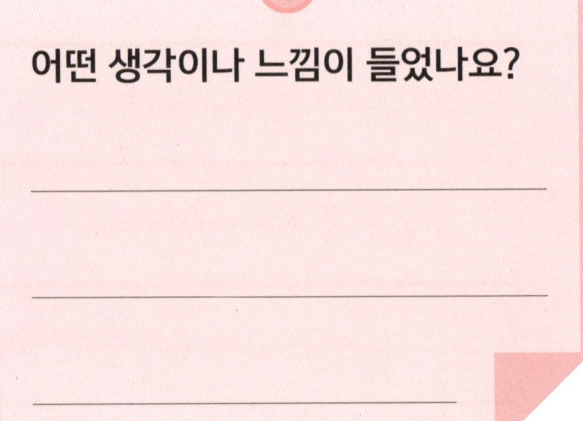

어떤 생각이나 느낌이 들었나요?

2 정리한 내용을 바탕으로 그림일기를 쓰세요.

년   월   일   요일   날씨:

거울에 비추면

1 거울을 비추면 왼쪽과 오른쪽이 바뀌어 보입니다.
거울에 비추어 나오는 모양에 ○를 하세요.

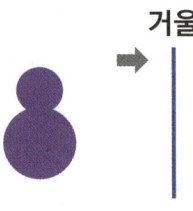  

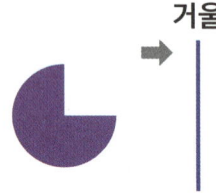  

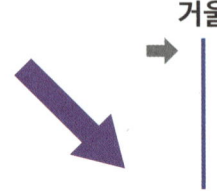  

2 거울에 비친 시계의 모습입니다. 원래 시계의 시각을 읽어 보세요.

☐ 시

☐ 시 ☐ 분

☐ 시

☐ 시 ☐ 분

☐ 시

☐ 시 ☐ 분

짜잔! 거울에 비추면 왼쪽과 오른쪽이 바뀌네.

33 종합 — 꼭꼭 복습

★ 도연이가 쓴 글입니다. 글을 읽고 물음에 답하세요. [1-7]

20○○년 9월 2일 토요일

　주말 아침에는 보통 늦잠을 자는 편인데 오늘은 아침 8시 30분에 일어났다. 내 방 정리를 하고, 11시에 우리 집 강아지 두리랑 산책을 나갔다. 오랜만에 산책을 나가서 그랬는지 두리가 신나게 달렸다. 두리의 목줄을 꼭 붙들고 나도 덩달아 공원을 뛰어다녔다. 땀을 흠뻑 흘리고 집에 돌아오니 12시가 되었다. 점심으로 피자를 먹었는데, 두리 덕분에 꿀맛이었다. 알찬 하루를 보낸 것 같아 기분이 좋았다.

1 이와 같은 글을 무엇이라고 하는지 쓰세요.

(　　　　　　　　)

2 도연이가 일어난 시각은 언제인지 고르세요.

| 8시 | 8시 30분 |

3 빈칸에 들어갈 그림을 고르세요.

㉠

㉡

㉢

4 도연이의 그림일기에 빠진 것은 무엇인지 고르세요.

| 날짜 | 기억에 남는 일 |
| 날씨 | 생각이나 느낌 |

5 도연이가 두리와 산책을 하고 집에 돌아온 시각을 알맞게 나타낸 시계를 고르세요.

6 그림일기를 통해 알 수 있는 도연이에 대한 설명으로 알맞은 것을 고르세요.

주말이라 늦잠을 잤다.

산책하다 두리의 목줄을 놓쳤다.

두리 덕분에 점심을 맛있게 먹었다.

7 그림일기 속 도연이의 생각이나 느낌으로 알맞은 것을 고르세요.

알찬 하루를 보낸 것 같아.

내일은 늦잠 자야지!

★ 도연이가 쓴 내일 계획표를 보고 물음에 답하세요. [8-10]

9시 30분	방 청소하기
1시	게임하기
4시	피아노 치기
7시 30분	숙제하기

8 계획표를 보고 시계에 시각을 나타내세요.

9 계획표를 보고 시계에 시각을 나타내세요.

10 거울에 비친 시계입니다. 도연이는 내일 이 시각에 무엇을 하고 있을까요?

꼭공 국어 수학

34~44

받아올림이 있는 **덧셈**, 어렵지?
덧셈을 쉽게 하는 방법을 알려 줄게.

어제, 오늘, 그리고 또 내일!
시간을 나타내는 말을 써 보자.

· 학습 계획표 ·

꼭공 내용	꼭공 능력	공부한 날
34 또박또박 읽고 쓰기	한글 / **어휘** / 맞춤법 / **문장** / 독해	/
35 10이 되는 더하기	**개념** / **연산** / 문장제 / 문제해결 / 추론	/
36 어제, 오늘, 내일	한글 / **어휘** / 맞춤법 / 문장 / **독해**	/
37 세 수를 더하기	**개념** / **연산** / 문장제 / 문제해결 / 추론	/
38 문장 부호 쓰기	한글 / 어휘 / **맞춤법** / **문장** / 독해	/
39 10 만들어 덧셈하기	**개념** / **연산** / 문장제 / 문제해결 / 추론	/
40 토끼와 거북	한글 / 어휘 / 맞춤법 / **문장** / **독해**	/
41 받아올림이 있는 덧셈 연습	개념 / **연산** / **문장제** / 문제해결 / 추론	/
42 무엇을 합니다	한글 / **어휘** / 맞춤법 / **문장** / 독해	/
43 마법의 사각형, 마방진!	개념 / 연산 / 문장제 / **문제해결** / **추론**	/
44 꼭공 복습	**국어** / **수학**	/

34 국어

또박또박 읽고 쓰기

1 다음 낱말을 또박또박 읽어 보세요.

꼬불꼬불	울퉁불퉁	찰랑찰랑
부러워요	귀여워요	무서워요
재잘재잘	쭈뼛쭈뼛	삐질삐질
땅따먹기	술래잡기	인형 놀이
사납게	딱딱하게	상냥하게
지루한	못마땅한	고민하는

- 위의 낱말을 모두 읽을 때마다 ○ 하세요.

1회　2회　3회

2 다음 문장에 어울리는 낱말을 왼쪽에서 찾아 쓰세요.

라라는 꼬불꼬불 곱슬머리를 가진 인형이에요.

얼굴은 동글동글 ☐.

나를 닮아서 ☐ 말을 잘해요.

친구도 긴 머리 인형 미미를 가져왔어요.

우리는 미미와 라라를 데리고 ☐를 시작해요.

먼저 라라가 미미에게 ☐ 인사를 하며 말했어요.

"하이? 미미, 나는 라라야. 나는 미국에서 태어났어."

미미는 잠시 ☐ 표정을 짓더니 대답했어요.

"안녕? 라라야, 나는 한국에서 태어났어. 반가워."

10이 되는 더하기

1 빈 곳에 ○를 그리고, 10이 되는 덧셈식을 완성하세요.

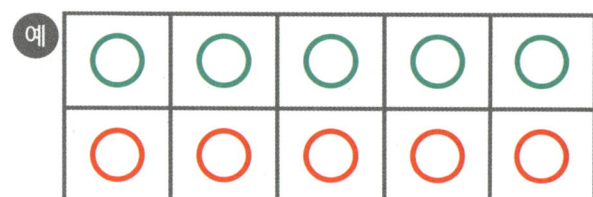

$5 + \boxed{5} = 10$

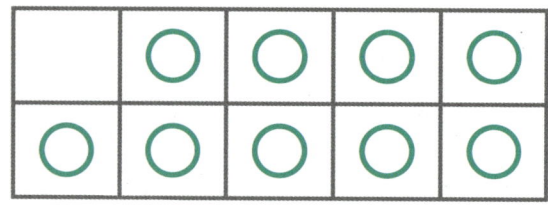

$\boxed{} + 9 = 10$

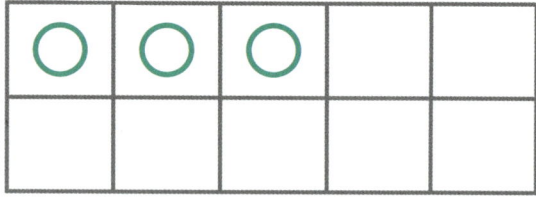

$3 + \boxed{} = 10$

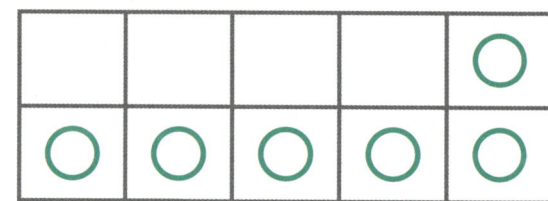

$\boxed{} + 6 = 10$

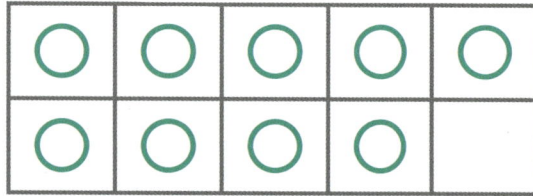

$9 + \boxed{} = 10$

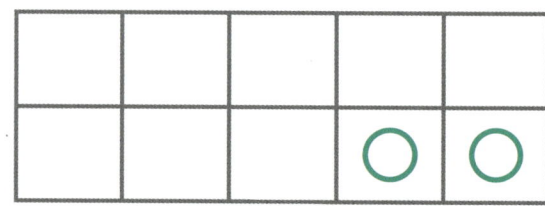

$\boxed{} + 2 = 10$

$\boxed{} + 4 = 10$

$7 + \boxed{} = 10$

2 ⭕와 같이 더하여 10이 되는 두 수를 찾아 묶고, 10이 되는 덧셈식을 쓰세요.

3	5	5	8	6
4	1	0	3	4
7	9	2	8	9
0	2	6	3	5
4	6	5	7	3

5 + 5 = 10   6 + 4 = 10

어제, 오늘, 내일

1 시간을 나타내는 말을 살피면서 다음 글을 읽어 보세요.

> 나는 **방과 후**에 돌봄 교실에 갑니다. **5시**에 태권도 학원에 가기 전까지 여기서 숙제도 하고 간식도 먹습니다. 교실에 도착하면 칠판 옆에 붙어 있는 간식표를 봅니다. **오늘**은 인절미와 딸기요거트가 나옵니다.
>
> **늦은 오후**가 되면 오늘의 간식이 교실에 옵니다. 선생님 말씀에 따라 간식을 챙겨 먹고 태권도 학원에 갑니다.
>
> **10월 둘째 주 간식표**
>
> | 7일(월) | 8일(화) | 9일(수) | 10일(목) | 11일(금) |
> |---|---|---|---|---|
> | 바나나
우유 | 초코도넛
두유 | 인절미
딸기요거트 | 찐빵
포도주스 | 오렌지
플레인요거트 |

일이 일어난 때를 알려 주는 말을 **시간을 나타내는 말**이라고 해요. 시간을 나타내는 말을 생각하면 일이 일어난 차례를 정리할 수 있어요.

예
- 방과 후에 돌봄 교실에 갑니다.
- 5시에 태권도 학원에 갑니다.

2 글을 읽고 물음에 답하세요.

● 언제 있었던 일을 쓴 글인가요?

| 어제 | 오늘 | 내일 |

● 글쓴이가 어제 먹은 간식은 무엇인가요?

● 글쓴이에게 있었던 일을 시간 순서대로 번호를 쓰세요.

( ) 숙제를 함.   ( ) 태권도 학원에 감.

( ) 방과 후에 돌봄 교실에 감.   ( ) 늦은 오후에 간식을 먹음.

● 시간을 나타내는 말을 넣어 다음 문장을 완성하세요.

나는 _____ 태권도 학원에 갑니다.

글쓴이는 '오늘 오후 5시'에 태권도 학원에 간다고 했어요. 그중 시간을 나타내는 말 어느 것이 와도 정답으로 처리해 주세요.

세 수를 더하기

1 □ 안에 알맞은 수를 써넣으세요.

세 수의 덧셈을 할 때는 두 수를 먼저 더하고 나머지 한 수를 더해요.

1+2=□
□+3=□

1+2+3=□

1+6=□
2+□=□

2+1+6=□

2+5+1=□   1+3+3=□

1+4+3=□   3+2+4=□

6+1+2=□   3+5+1=□

2 10이 되는 두 수를 ◯로 묶고, 덧셈을 하세요.

예) (3+7)+5=15
   10

2+9+1=

5+5+9=

1+6+4=

4+6+8=

8+7+3=

8+2+7=

6+5+5=

7+3+5=

7+4+6=

1+9+6=

9+2+8=

38 문장 부호 쓰기

문장 부호는 문장의 뜻을 돕거나 문장을 구별해 읽고 이해하기 쉽도록 하는 여러 가지 부호를 말해요.

큰따옴표
→ 인물이 소리 내어 한 말을 나타낼 때 쓴다.
예) 동생이 오빠를 깨우며 말했다.
"오빠, 빨리 일어나."

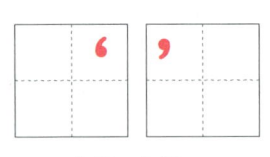
작은따옴표
→ 인물이 마음속으로 한 말을 나타낼 때 쓴다.
예) 오빠는 이불 속에서 생각했다.
'5분만 더 자야지.'

1 문장 부호의 이름을 따라 쓰고, 문장 부호도 바르게 쓰세요.

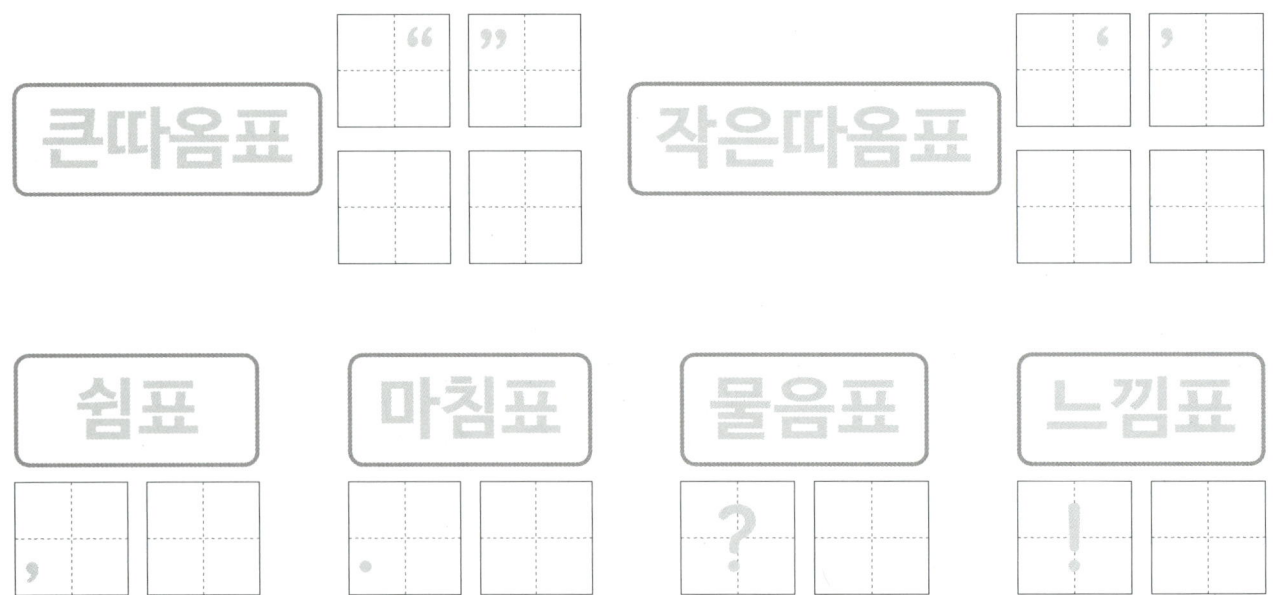

꼭공 능력 | 한글 | 어휘 | **맞춤법** | **문장** | 독해

2 문장 부호에 유의하며 다음 글을 따라 쓰세요.

	"	안	녕	?	"				
	낯	선		사	람	이	었	다	.
	'	누	구	더	라	?	'		
	곰	곰	이		생	각	해		봐	도
누	구	인	지		떠	오	르	지		않
았	다	.							

3 다음 글을 읽고 빈칸에 알맞은 문장 부호를 쓰세요.

> 엄마가 거실에서 책을 읽고 계셨다. 내가 말했다.
>
> ☐ 엄마, 무슨 책 읽으세요? ☐
>
> ☐ 무시무시한 공포 소설! ☐
>
> 엄마의 대답을 듣고 나는 생각했다.
>
> ☐ 아니, 왜 무서운 걸 일부러 보시는 거지? ☐

TIPTALK
소리 내어 말하는 것인지, 마음속으로 생각하는 것인지 유의하여 살펴보세요.

10 만들어 덧셈하기

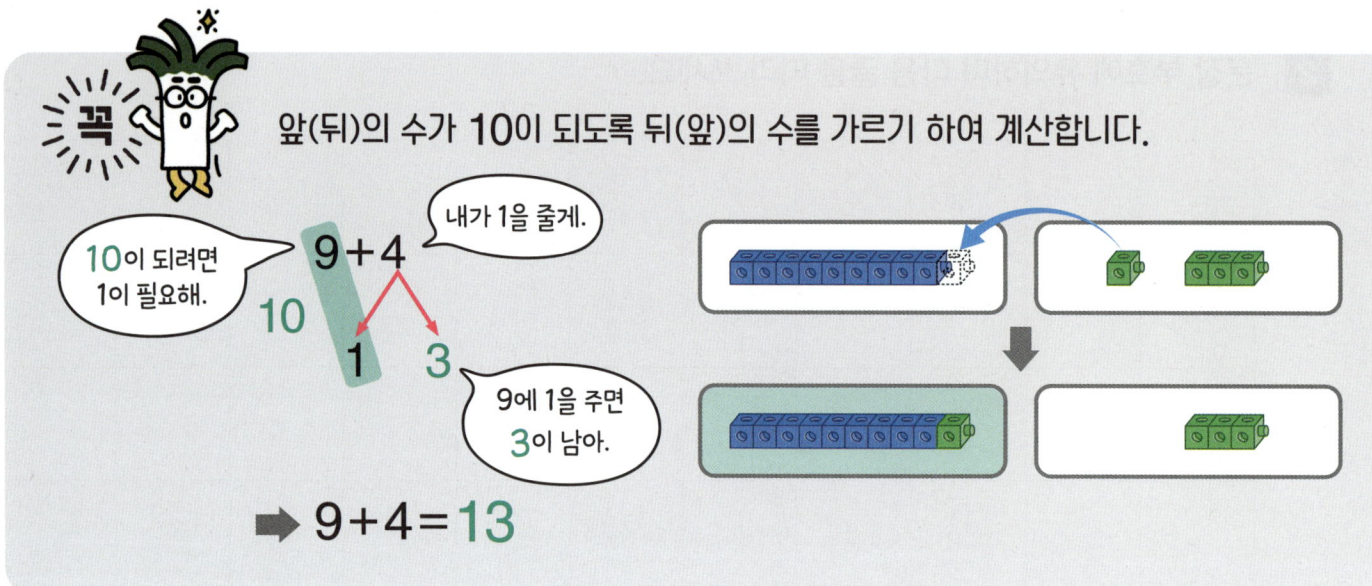

➡ 9+4=13

1 ☐ 안에 알맞은 수를 써넣으세요.

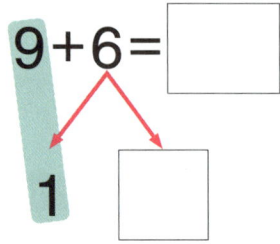

9+6=☐
1

8+7=☐
5

5+9=☐
5

4+8=☐
2

7+5=☐
3

6+7=☐
3

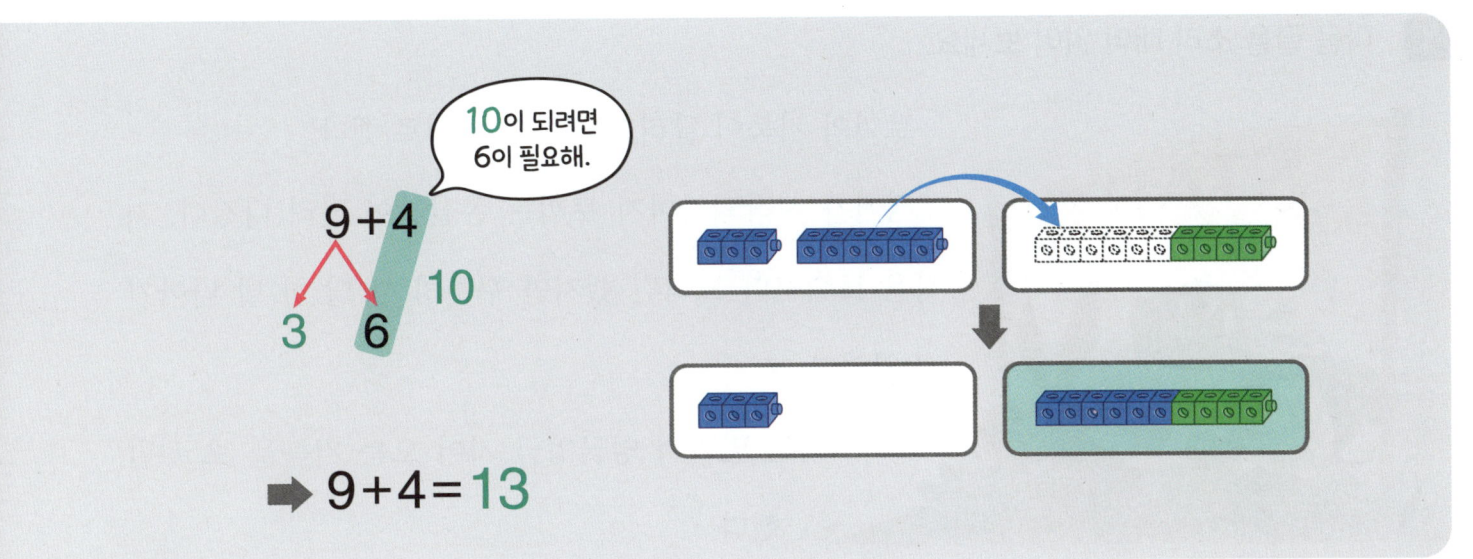

2. ☐ 안에 알맞은 수를 써넣으세요.

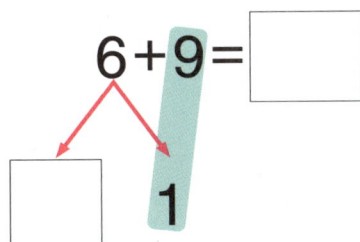

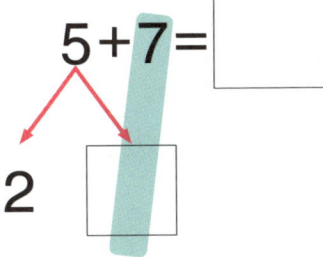

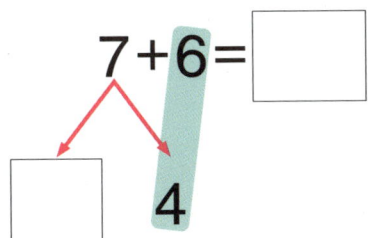

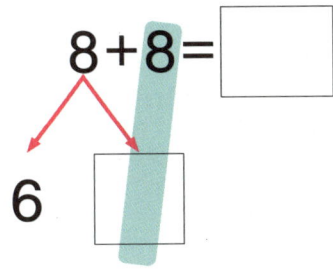

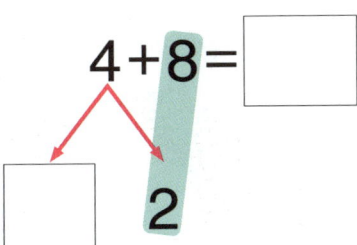

토끼와 거북

1 다음 글을 소리 내어 읽어 보세요.

토끼와 거북이 달리기 시합을 하기로 했다.

경기가 시작되자마자 토끼는 쏜살같이 달려 나갔다. 거북은 토끼보다 느리긴 했지만 꾸준히 한 발 한 발 나아가고 있었다.

토끼는 멀리서 엉금엉금 기어 오는 거북을 보고 말했다.

㉠ "보아하니 한숨 자고 일어나서 가도 내가 이기겠어!"

토끼는 나무 그늘에 자리를 잡고 누웠다. 그리고 솔솔 불어오는 바람에 금방 잠이 들고 말았다.

거북은 열심히 달리고 있었다. 누가 보면 기어간다고 하겠지만, 거북은 달리고 있었다. 쉬지 않고 달려 토끼가 자고 있는 곳에 이르렀을 때 토끼를 보며 생각했다.

㉡ "저렇게 자면 안 될 텐데…, 난 더 열심히 달려야지!"

거북은 엉금엉금 기어서 도착지에 이르렀고, 토끼는 뒤늦게 잠에서 깨어나 깡충깡충 뛰어왔으나 한발 늦었다. 이미 거북이 결승점에 도착해 있었다.

2 글을 읽고 물음에 답하세요.

● 토끼와 거북은 무엇을 했나요?

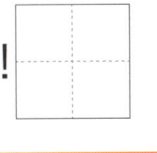

● ㉠ 토끼의 말과 ㉡ 거북의 생각에 어울리는 문장 부호를 각각 쓰세요.

㉠ [ ] 보아하니 ~ 내가 이기겠어! [ ]

㉡ [ ] 저렇게 자면 ~ 달려야지! [ ]

● 자신이 이야기 속 토끼라면 어떤 마음일지 쓰세요.

● 자신의 경험을 떠올려 거북에게 해 주고 싶은 말을 쓰세요.

41 수학 — 받아올림이 있는 덧셈 연습

집중해서 **3분** 안에 풀어 보자!

1 덧셈을 하세요.

5+8=   7+6=   9+9=

9+2=   3+9=   8+3=

7+7=   8+7=   7+5=

6+9=   5+7=   6+8=

8+4=   8+8=   8+9=

6+7=   5+9=

TIP TALK
일의 자리 수끼리의 합이 10이거나 10보다 크면 십의 자리에 1로 올려서 써야 합니다. 이를 받아올림이라고 부릅니다.

2 문제를 잘 읽고 식을 세워 답을 구하세요.

모두 몇 명인지 구하려면 덧셈식(+)을 세워야 해!

유준이네 모둠에는 남학생 7명과 여학생 8명이 있습니다.
유준이네 모둠은 모두 몇 명일까요?

식 7 + 8 =

답 _____ 명

상자 안에 공 9개가 있고, 5개를 더 넣었습니다.
상자 안에 있는 공은 모두 몇 개일까요?

식 _____

답 _____ 개

다인이는 피아노곡 4곡을 연주했고, 은우는 7곡을 연주했습니다.
두 사람이 연주한 곡은 모두 몇 곡일까요?

식 _____

답 _____ 곡

도서관에 책 8권이 있었는데, 주홍이가 6권을 더 기부했습니다.
도서관에는 책이 모두 몇 권 있을까요?

식 _____

답 _____ 권

42 무엇을 합니다

1 그림을 보고 '무엇을'에 해당하는 말을 넣어 문장을 완성하세요.

민지가 _____ 읽습니다.

민지가 _____ 마십니다.

민지가 _____ 먹습니다.

민지가 _____ 봅니다.

현수가 _____ 꿉니다.

현수가 _____ 줍니다.

꼭공능력: 한글 어휘 맞춤법 문장 독해

2 그림을 보고 '합니다'에 해당하는 말을 넣어 문장을 완성하세요.

동작을 나타내는 말을 넣어 봐!

현수가 공을 _____.

현수가 신발 끈을 _____.

현수가 손을 _____.

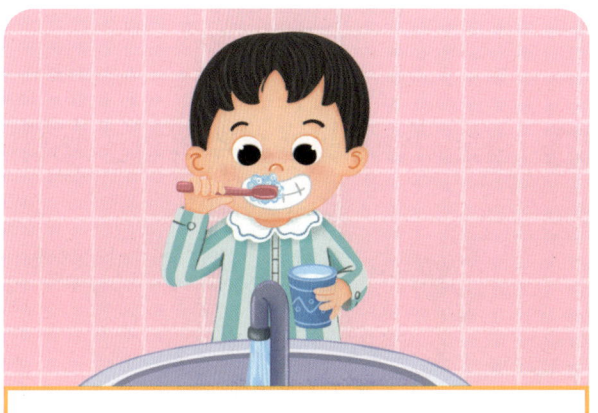
현수가 이를 _____.

현수가 그림을 _____.

현수가 음악을 _____.

마법의 사각형, 마방진!

가로, 세로, 대각선의 합이 모두 같은 수 배열표를 마방진이라고 해.

1 같은 모양에 놓인 세 수의 합은 15입니다. 빈 곳에 알맞은 수를 써넣으세요.

2 가로, 세로, 대각선에 놓인 세 수를 더하여 15가 되도록 빈칸에 알맞은 수를 써넣으세요.

44 종합 — 꼭공 복습

★ 그림을 보고 물음에 답하세요. [1-2]

1 바닷속 물고기는 모두 몇 마리인가요?

 연산

3+6+4= ☐ (마리)

2 모래사장에 조개는 7마리, 불가사리는 8마리 있습니다. 조개와 불가사리는 모두 몇 마리인가요?

식 _____

답 _____ 마리

★ 태우의 아침을 나타낸 그림을 보고 물음에 답하세요. [3-7]

3 그림 ①에 어울리지 않는 문장을 고르세요.

- 아침이 밝았습니다.
- 태우는 잠이 들었습니다.
- 태우는 기지개를 폅니다.
- 태우는 일찍 일어났습니다.

4 그림 ②에 어울리는 문장을 쓰세요.

5 그림 ❸에 어울리는 문장을 고르세요.

- 태우는 이를 닦습니다.
- 태우는 발을 닦습니다.
- 태우는 물을 마십니다.
- 태우는 아침을 먹습니다.

6 그림 ❹의 인사말에 어울리는 문장 부호를 고르고, 따라 쓰세요.

| " | 학교 다녀오겠습니다 | " |
| | | . |

| " | 학교 다녀오겠습니다 | " |
| | | ! |

7 다음 상황에 어울리는 문장을 완성하세요.

태우가 _____ 꿉니다.

8 세 수의 덧셈을 하세요.

(1) $4+1+4=$

(2) $8+2+6=$

9 덧셈을 하세요.

(1) $9+3=$

(2) $4+7=$

(3) $8+8=$

(4) $5+9=$

10 수 카드를 골라 덧셈식을 완성하세요.

| 5 | 6 | 7 | 8 | 9 |

(1) ☐ + ☐ = 13

(2) ☐ + ☐ = 17

꼭공 국어 수학

45~55

아 다르고 어 다른 한글,
낱말 뜻이 어떻게 **바뀔까?**

이번에는 뺄셈이네!
받아내림이 있는 **뺄셈**에 도전해 봐.

학습 계획표

	꼭공 내용	꼭공 능력	공부한 날
45	아 다르고 어 다르지	**한글** 어휘 맞춤법 문장 독해	/
46	10에서 빼기	개념 **연산** **문장제** 문제해결 추론	/
47	글자 바꾸기	**한글** **어휘** 맞춤법 문장 독해	/
48	받아내림 준비	**개념** **연산** 문장제 문제해결 추론	/
49	책을 읽고서	한글 어휘 맞춤법 문장 **독해**	/
50	10 만들어 뺄셈하기	**개념** **연산** 문장제 문제해결 추론	/
51	책 한 권, 나무 한 그루	한글 **어휘** 맞춤법 **문장** 독해	/
52	받아내림이 있는 뺄셈 연습	개념 **연산** **문장제** 문제해결 추론	/
53	위대한 선물	**한글** 어휘 맞춤법 문장 **독해**	/
54	멋진 축구 선수가 될 거야!	개념 연산 **문장제** 문제해결 **추론**	/
55	꼭공 복습	**국어** **수학**	/

45 국어

아 다르고 어 다르지

1 다음 간판을 소리 내어 읽어 보세요.

◆곰소년◆

엄마의 정성이 담긴
매일 제분소

또바기 농부

만 수 상 회

제일 방앗간

한끼라면

두부마을 앞 국수공장

영광냉면

나는서점

초코파이 쏙

계 란 밥

받침 없는 글자와 받침 있는 글자로 먼저 구분해 볼까?

2 위 간판에서 모양이 서로 비슷한 글자를 찾아 쓰세요.

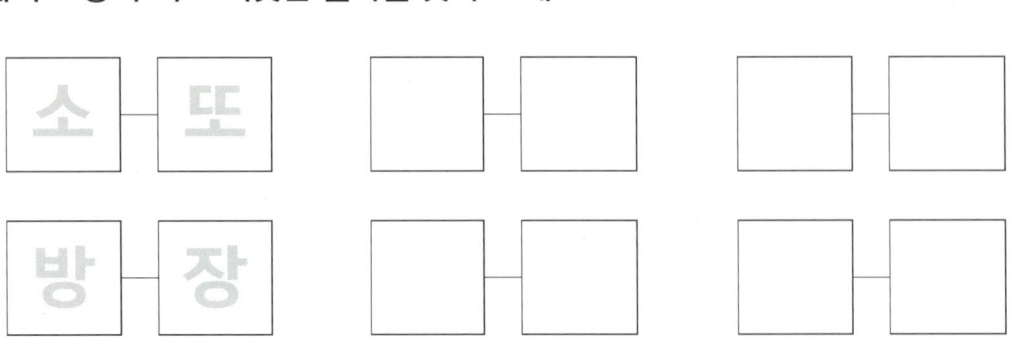

| 소 | 또 | | | | |
| 방 | 장 | | | | |

꼭공능력 어휘 문장

3 각 물음에 알맞은 답을 찾아 ○ 하세요.

● 다음 중 모음이 다른 글자는 무엇인가요?

 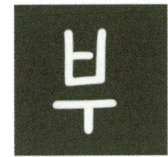  

● 다음 중 첫 자음이 다른 글자는 무엇인가요?

● 다음 중 받침이 다른 글자는 무엇인가요?

   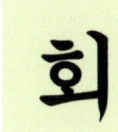

● 다음 중 복잡한 모음이 들어간 글자가 아닌 것은 무엇인가요?

  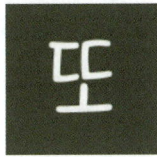 

● 다음 중 쌍자음이 들어간 글자가 아닌 것은 무엇인가요?

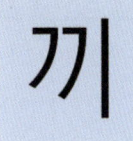 

10에서 빼기

1 그림을 보고 뺄셈식을 완성하세요.

예 10−8= 2

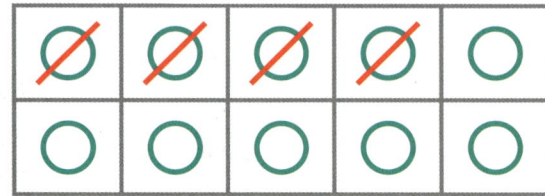

10−☐=6

10−5=☐

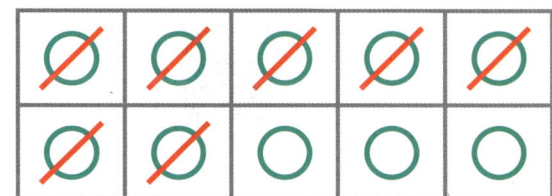

10−☐=3

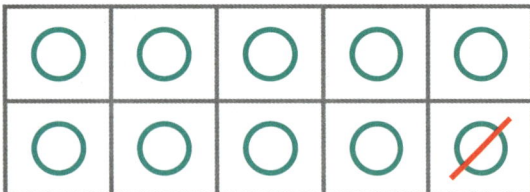

10−1=☐

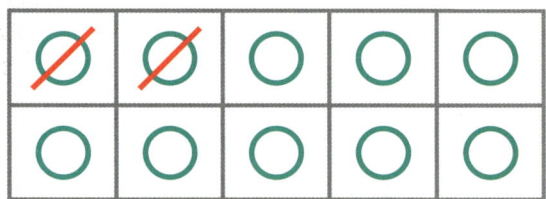

10−☐=8

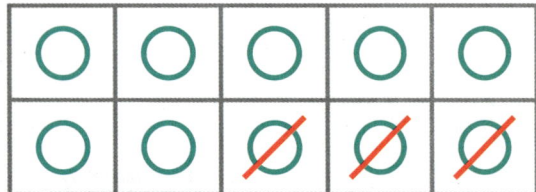

10−3=☐

10−☐=1

2 그림을 보고 상황에 알맞은 뺄셈식을 완성하세요.

쿠키 10개 중에서 6개가 남았어. 몇 개를 먹었을까?

10 − 6 = ☐

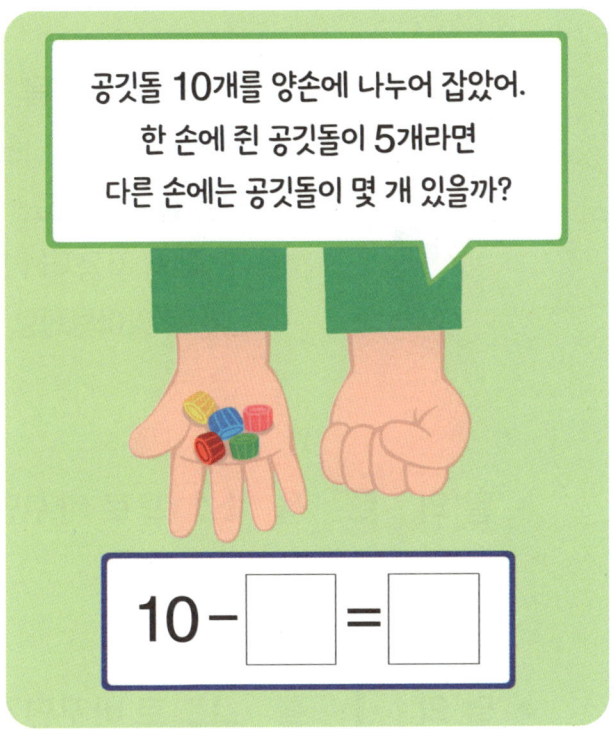

공깃돌 10개를 양손에 나누어 잡았어. 한 손에 쥔 공깃돌이 5개라면 다른 손에는 공깃돌이 몇 개 있을까?

10 − ☐ = ☐

볼링 핀 10개 중에서 2개가 넘어지지 않았어. 몇 개를 넘어뜨렸을까?

10 − ☐ = ☐

풍선 10개 중에서 3개가 날아갔어. 몇 개가 남았을까?

10 − ☐ = ☐

글자 바꾸기

1 자음자와 모음자를 바꾸면 어떤 낱말이 만들어지는지 골라 ○ 하세요.

'달'은 'ㄷ'과 모음 'ㅏ'와 받침 'ㄹ'을 가지고 만든 낱말이에요. 한글은 자음이나 모음, 받침 중에서 하나만 바꾸어도 글자가 바뀌고 뜻이 다른 낱말이 돼요.
'달'에서 자음자나 모음자, 받침을 바꾸면 어떤 낱말이 되는지 알아보세요.

- '달'의 ㄷ을 ㅂ으로 바꾸면? 　　　발　말

- '달'의 ㅏ를 ㅗ로 바꾸면?　　　　　돌　볼

- '달'의 ㄹ을 ㅊ으로 바꾸면?　　　　닻　답

- '달'의 ㄷ을 ㅈ으로 바꾸면?　　　　살　잘

- '잘'의 ㄹ을 ㅁ으로 바꾸면?　　　　작　잠

- '잠'의 ㅏ를 ㅓ로 바꾸면?　　　　　점　검

2 자음자나 모음자를 바꾸어 뜻이 다른 낱말을 만들어 보세요.

처음 글자	첫 자음자 바꾸기	모음자 바꾸기	받침 바꾸기
각			
벌			
동			
산			
춤			

3 자신의 이름을 쓰고, 글자를 하나씩 바꾸어 다른 이름을 만들어 보세요.

48 받아내림 준비

1 십몇을 10과 몇으로 가르기 하세요.

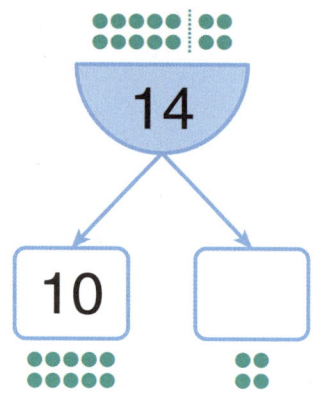
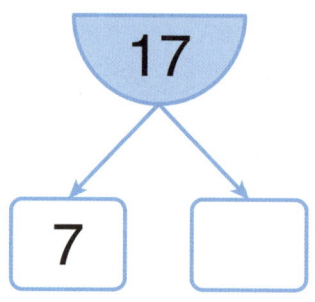
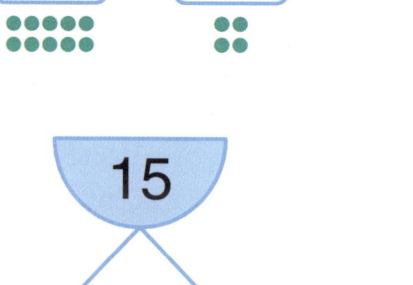
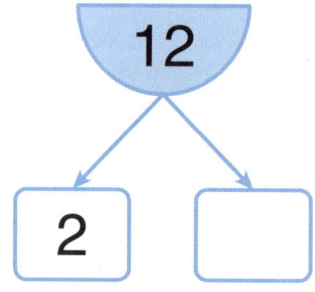
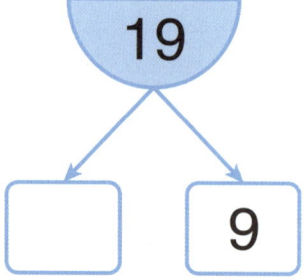
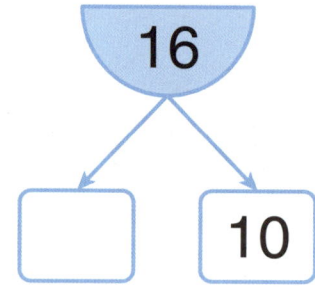
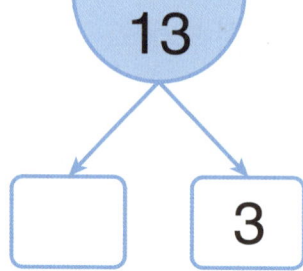
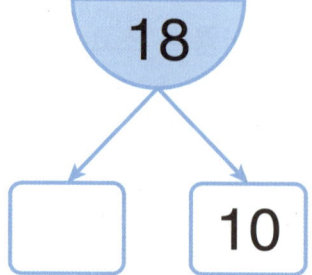

2 10( )이 남도록 빼는 수만큼을 묶어 화살표로 빼면서 계산하세요.

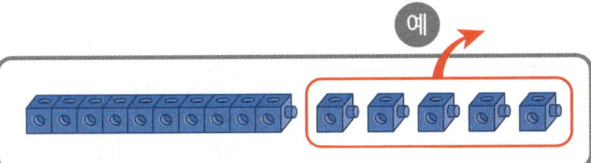

15-5=☐

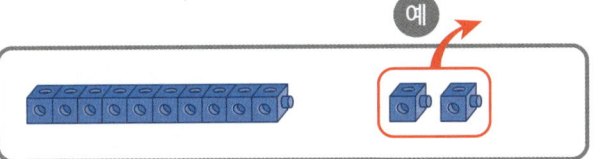

12-☐=10

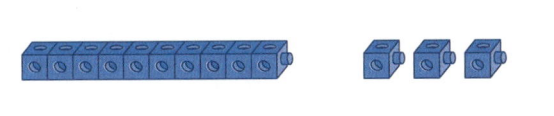

13-3=☐

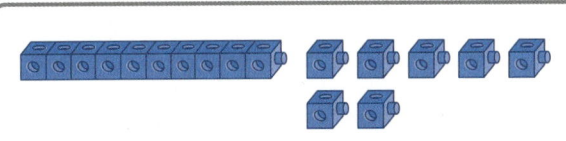

17-☐=10

14-4=☐

11-☐=10

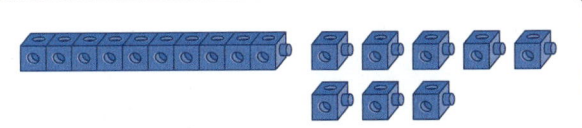

18-8=☐

16-☐=10

책을 읽고서

수업 시간에 선생님께서 그림책을 읽어 주셨다. 원숭이 몽키와 당나귀 동키, 그리고 쥐 마우스가 나오는 《그래, 책이야!》라는 그림책이다.

노트북을 들고 있던 동키는 책을 들고 있는 몽키에게 책이 무엇인지 자꾸 질문했다. "게임할 수 있어? 와이파이는? 비밀번호는? 책으로는 뭘 할 수 있어?" 하고 묻는 동키에게 몽키는 "아니, 이건 책이야!"라고 대답한다.

그러던 동키가 책을 읽기 시작하면서 나중에는 책을 돌려주지 않으려고 했다. 아마 책이 재미있었던 모양이다. 책을 돌려 달라는 몽키의 말에 동키는 걱정 말라고 다 보면 충전해 놓는다고 했는데, 나는 그 말에 또 한 번 웃음이 났다.

책은 노트북과는 다르다. 동키는 이 일로 책을 좋아하게 된 것 같다. 맞다. 책은 재미있다. 나도 동키처럼 요즘은 컴퓨터로 친구들과 게임하고, 채팅하고, 동영상 보는 게 좋았는데 다시 재미있는 책을 찾아 읽어 봐야겠다. 그림책 속에서 동키가 읽던 《보물섬》이라는 책이 궁금해졌다. 토요일에 도서관에 가야겠다.

꼭공능력 | 한글 | 어휘 | 맞춤법 | 문장 | **독해**

1 글을 읽고 물음에 답하세요.

● 선생님께서 읽어 주신 그림책은 무엇인가요?

　　　　　　　　　보물섬　　　　그래, 책이야

● 그림책에 나오는 동물과 그 이름을 알맞게 선으로 이으세요.

　　원숭이　　　　당나귀　　　　쥐

　　마우스　　　　동키　　　　몽키

● 책에 대한 설명으로 알맞은 것은 무엇인가요?

　　게임할 수 있다.　　　비밀번호가 있다.

　　읽을 수 있다.　　　충전할 수 있다.

● 그림책을 읽은 글쓴이의 생각으로 알맞은 것을 고르세요.

　　동키는 여전히 책을 싫어하는군.

　　재미있는 책을 찾아 읽어 봐야겠어.

　　몽키와 동키가 친하게 지냈으면 좋겠어.

10 만들어 뺄셈하기

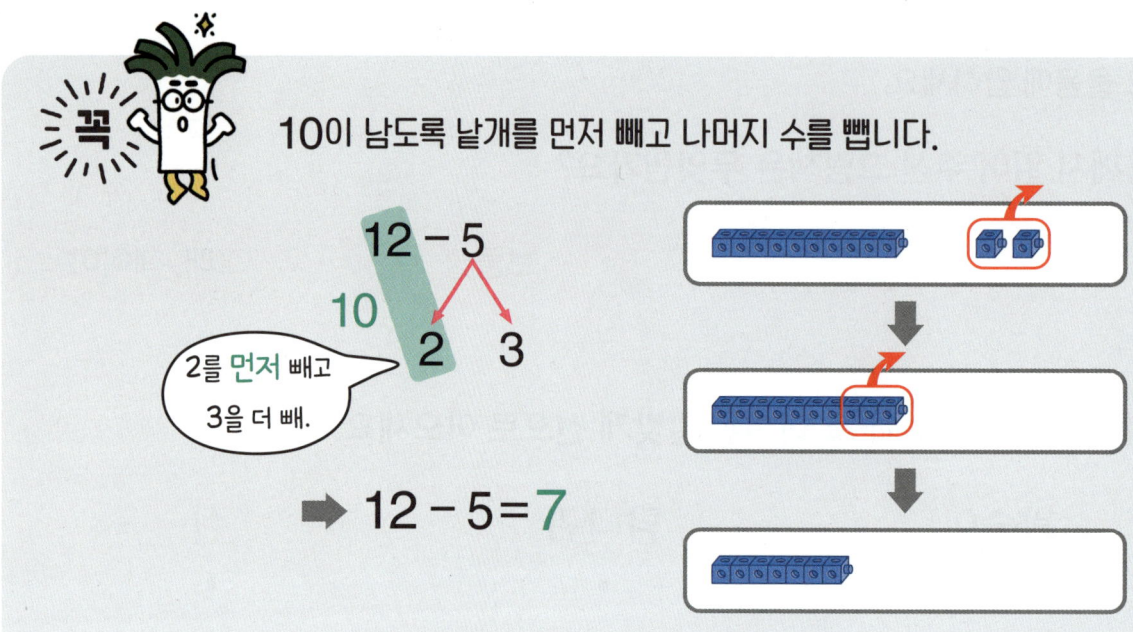

10이 남도록 낱개를 먼저 빼고 나머지 수를 뺍니다.

12 − 5
10 2 3

2를 먼저 빼고 3을 더 빼.

➡ 12 − 5 = 7

1 ☐ 안에 알맞은 수를 써넣으세요.

11 − 4 = ☐
1 ☐

17 − 9 = ☐
☐ 2

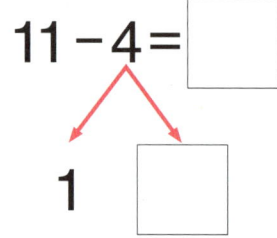

15 − 7 = ☐
5 ☐

12 − 7 = ☐
☐ 5

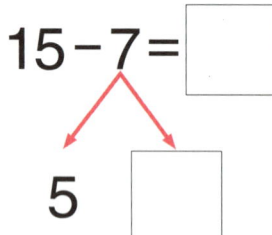

14 − 8 = ☐
4 ☐

13 − 4 = ☐
☐ 1

10에서 빼고 남은 수끼리 더합니다.

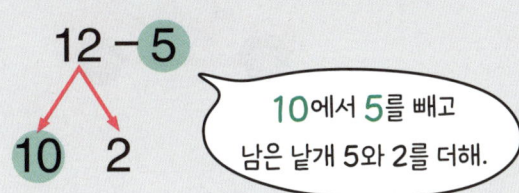

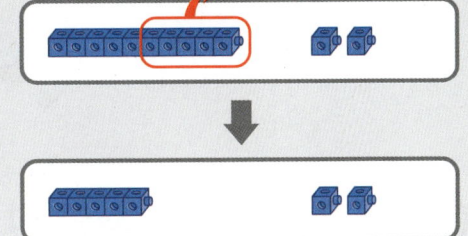

10에서 5를 빼고 남은 낱개 5와 2를 더해.

➡ 12−5=7

2 □ 안에 알맞은 수를 써넣으세요.

13−7=☐
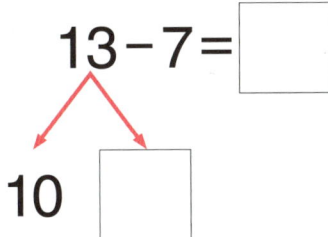

16−9=☐
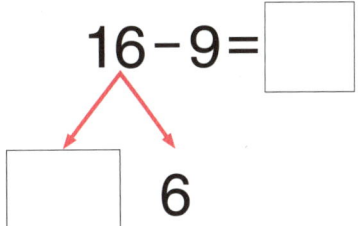

12−6=☐
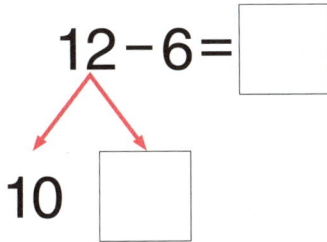

14−5=☐
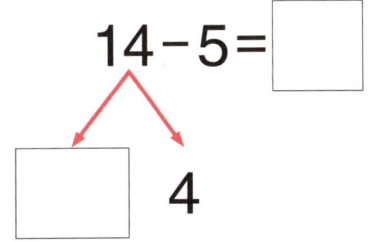

17−8=☐
10 ☐

15−6=☐
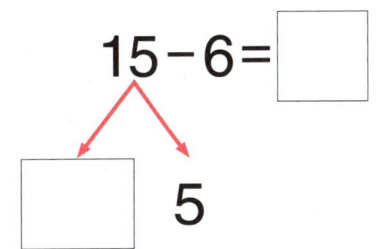

책 한 권, 나무 한 그루

1 물건을 세는 단위를 알아보고 따라 쓰세요.

종이 한 장	사람 한 명	차 한 대

수박 한 통	수저 한 벌	책 한 권

양말 한 켤레	개 한 마리	꽃 한 송이

연필 한 자루	배추 한 포기	나무 한 그루

2 문장에 어울리는 물건을 세는 단위를 골라 ○ 하세요.

- 그림책 두   장   권   이 있습니다.

- 자전거가 한   벌   대   입니다.

- 멜론을 두   통   장   샀습니다.

- 열   장   명   의 색종이가 남았습니다.

- 수저가 세   벌   통   필요합니다.

- 운동화가 다섯   자루   켤레   있습니다.

- 두   명   마리   의 고양이를 키웁니다.

- 벚나무 한   포기   그루   가 있습니다.

- 장미꽃 한   대   송이   가 피었습니다.

- 다섯   명   마리   의 아이가 뜁니다.

받아내림이 있는 뺄셈 연습

1 뺄셈을 하세요.

12 - 9 =   18 - 9 =   11 - 3 =

14 - 8 =   11 - 9 =   13 - 5 =

12 - 7 =   13 - 8 =   16 - 9 =

15 - 9 =   16 - 7 =   14 - 7 =

11 - 6 =   15 - 8 =   17 - 8 =

13 - 9 =   13 - 6 =

TIP TALK
일의 자리의 수끼리 뺄 수 없을 때 십의 자리의 1을 일의 자리에 10으로 빌려주어 뺄셈을 해야 합니다. 이를 받아내림이라고 부릅니다.

2 문제를 잘 읽고 식을 세워 답을 구하세요.

남은 공책이 몇 권인지 구하려면 뺄셈식(−)을 세워야 해!

가방에 공책 11권이 있었는데, 그중에서 4권을 꺼냈습니다. 가방에 남은 공책은 몇 권일까요?

식 **11 − 4 =** _____

답 _____ 권

지우는 서점에서 15권의 책을 샀고, 그중에서 6권을 읽었습니다. 지우가 아직 읽지 않은 책은 몇 권일까요?

식 _____

답 _____ 권

탁자 위에 검은색 바둑돌 14개, 흰색 바둑돌 9개가 있습니다. 검은색 바둑돌이 흰색 바둑돌보다 몇 개 더 많을까요?

식 _____

답 _____ 개

도토리를 시윤이는 8개, 서하는 12개 주웠습니다. 서하는 시윤이보다 도토리를 몇 개 더 많이 주웠나요?

식 _____

답 _____ 개

위대한 선물

옛날 우리나라의 백성들은 마땅한 글자가 없어서 자신들의 생각이나 마음을 잘 표현하지 못했어요. 그때는 외국 글자인 '한자'를 빌려 썼지만, 백성들에게 한자는 너무 어려운 글자였어요. 이를 안타깝게 여긴 세종 대왕은 누구나 쉽게 배울 수 있는 글자를 만들기로 결심했어요. 세종 대왕은 오랜 노력 끝에, 우리말 소리를 정확하게 나타낼 수 있는 글자를 만들었어요. 이 글자는 바로 오늘날 우리가 사용하는 '한글'이에요.

한글은 소리의 원리를 과학적으로 분석해 만든 글자예요. 체계적이고 세계적으로도 인정받는 훌륭한 문자이지요. 세종 대왕은 1443년에 한글을 완성했고, 1446년에 '훈민정음'이라는 이름으로 세상에 알렸어요. '훈민정음'은 '백성을 가르치는 바른 소리'라는 뜻을 담고 있어요.

세종 대왕이 만든 한글 덕분에 오늘날 우리는 글을 쉽게 읽고 쓸 수 있게 되었어요. 한글은 세종 대왕이 우리에게 준 위대한 선물이지요. 지금도 전 세계에서 과학적이고 독창적인 문자로 인정받고 있어요.

1 글을 읽고 물음에 답하세요.

● '위대한 선물'이 가리키는 것은 무엇일까요?

● 이 글에서 설명한 내용으로 맞으면 ○, 틀리면 × 하세요.

| 세종 대왕은 1446년에 한글을 완성했다. |
| 한자는 세계적으로 독창적인 문자로 인정받았다. |
| 오늘날 우리는 한글 덕분에 글을 쉽게 읽고 쓸 수 있다. |
| 한글은 우리말 소리를 정확하게 나타낼 수 있는 글자이다. |

● 친구들이 설명하는 사람은 누구인지 쓰세요.

한글을 만든 분이야.

백성을 사랑한 분이셨지.

1446년에 훈민정음을 세상에 알리셨어.

● '훈민정음'의 뜻을 이 글에서 찾아 쓰세요.

멋진 축구 선수가 될 거야!

1 상황에 알맞은 식을 세워 답을 구하세요.

예준이는 골을 6번, 수아는 골을 7번 넣었습니다.
두 사람이 넣은 골은 모두 몇 번일까요?

★ 어떤 식을 세워야 하는지 ○를 하세요.

| 덧셈식 | 뺄셈식 |

식 _____

답 _____ 번

음료수 15개가 있었습니다.
그런데 운동을 하면서 8개를 마셨습니다.
남은 음료수는 몇 개일까요?

★ 어떤 식을 세워야 하는지 ○를 하세요.

| 덧셈식 | 뺄셈식 |

식 _____

답 _____ 개

2 응원 모자에 적힌 수를 한 번씩만 사용하여 퍼즐을 완성하세요.

9	+		=	14
+				−
=				=
12	−		=	6

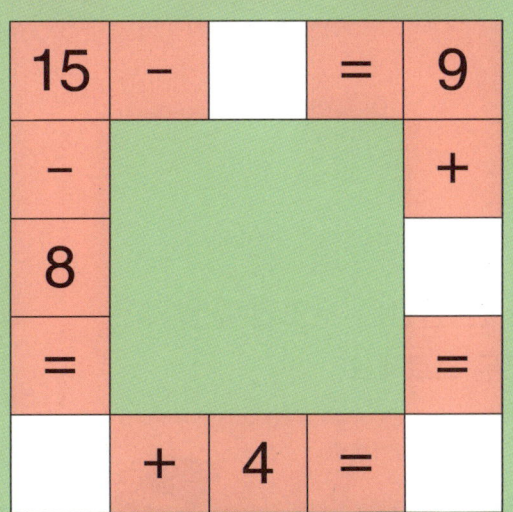

15	−		=	9
−				+
8				
=				=
	+	4	=	

55 종합

꼭공 복습

★ 다음 물음에 답하세요. [1-7]

> 마을에서 딴 농산물을 시장에서 파는 장사꾼 할머니가 계세요. 오늘 팔 물건은 감이에요. 종이 상자에 '감'이라고 크게 썼지요. 상자에 14개의 감이 들어 있었는데 아침에 4개, 저녁에 5개가 팔렸어요. 남은 감은 손주에게 먹이려고 팔지 않았어요.
>
> 다음 날은 밤을 팔기로 했어요. 이번에는 종이 상자에서 '감'의 'ㄱ'에 ×표를 하고 'ㅂ'이라고 적었어요. 오늘도 장사가 잘 되면 좋겠다고 생각했어요.

1 할머니가 하시는 일을 알 수 있는 말은 무엇인가요?

사냥꾼   장사꾼

2 할머니가 판 물건은 무엇인지 알맞은 그림을 모두 고르세요.

3 감을 두 바구니에 나누어 담으려고 합니다. 오른쪽 바구니에 몇 개를 담아야 할까요? 빈 바구니에 알맞은 수를 쓰세요.

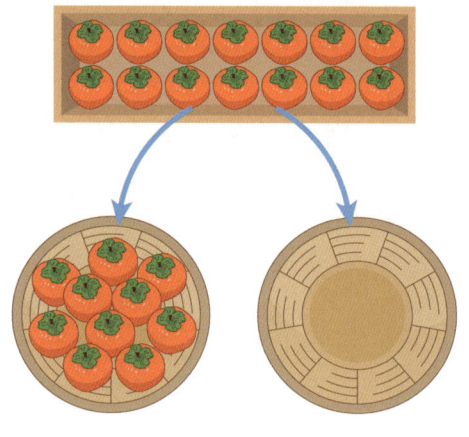

4 상자에 14개의 감이 들어 있었는데 아침에 4개, 저녁에 5개가 팔렸습니다. 할머니가 팔고 남은 감은 몇 개일까요?

( )개

5 할머니가 나머지 감을 팔지 않은 까닭은 무엇인지 고르세요.

할머니가 먹으려고

손주에게 먹이고 싶어서

6 다음 날 종이 상자에 할머니가 고쳐 쓴 말을 빈칸에 다시 쓰세요.

맞춤법

7 할머니가 첫째 날에는 감 9개를 팔고, 둘째 날에는 밤 7개를 팔았습니다. 할머니가 판 감과 밤은 모두 몇 개일까요?

문장제

식 _____

답 _____ 개

8 계산을 하세요.

연산

(1) 13−8=

(2) 5+9=

(3) 15−6=

(4) 8+7=

9 물건을 세는 단위를 생각하며 그림에 알맞은 것을 선으로 이으세요.

문장

10 뺄셈을 하여 계산 결과가 모두 지붕에 있는 수가 되도록 빈칸에 알맞은 수를 써넣으세요.

추론

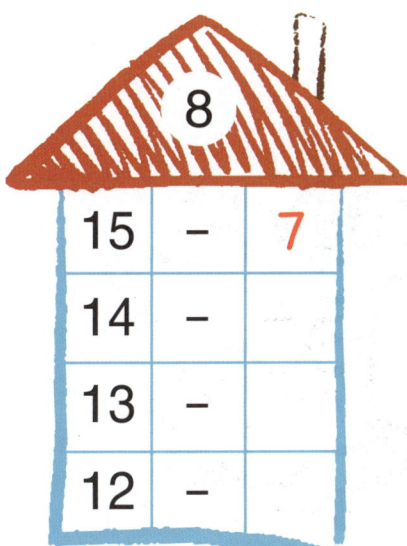

꼭공 국어 수학
56~66

어려운 덧셈도, 복잡한 문장제도
연습하다 보면 익숙해질 거야!

빗, 빛, 빚!
글자는 다른데 **소리가 같아서**
헷갈려!

· 학습 계획표 ·

꼭공 내용	꼭공 능력	공부한 날
56 도서관 예절	한글 / 어휘 / 맞춤법 / **문장** / **독해**	/
57 자리를 맞추어 끼리끼리 더하기	**개념** / **연산** / 문장제 / 문제해결 / 추론	/
58 꽃이랑 벌이랑	한글 / 어휘 / 맞춤법 / **문장** / **독해**	/
59 덧셈 연습 ①	**개념** / **연산** / 문장제 / 문제해결 / 추론	/
60 낫, 낮, 낯	한글 / **어휘** / **맞춤법** / 문장 / 독해	/
61 덧셈 연습 ②	개념 / **연산** / 문장제 / **문제해결** / **추론**	/
62 자연스럽게 띄어 읽기	한글 / 어휘 / 맞춤법 / **문장** / **독해**	/
63 덧셈식 만들기	개념 / 연산 / **문장제** / **문제해결** / 추론	/
64 불을 켜고 끄다	한글 / **어휘** / 맞춤법 / **문장** / 독해	/
65 먹이 저장하기	개념 / 연산 / **문장제** / 문제해결 / **추론**	/
66 꼭공 복습	**국어** / **수학**	/

56
국어

도서관 예절

1 도서관을 바르게 이용하는 방법을 알아보세요.

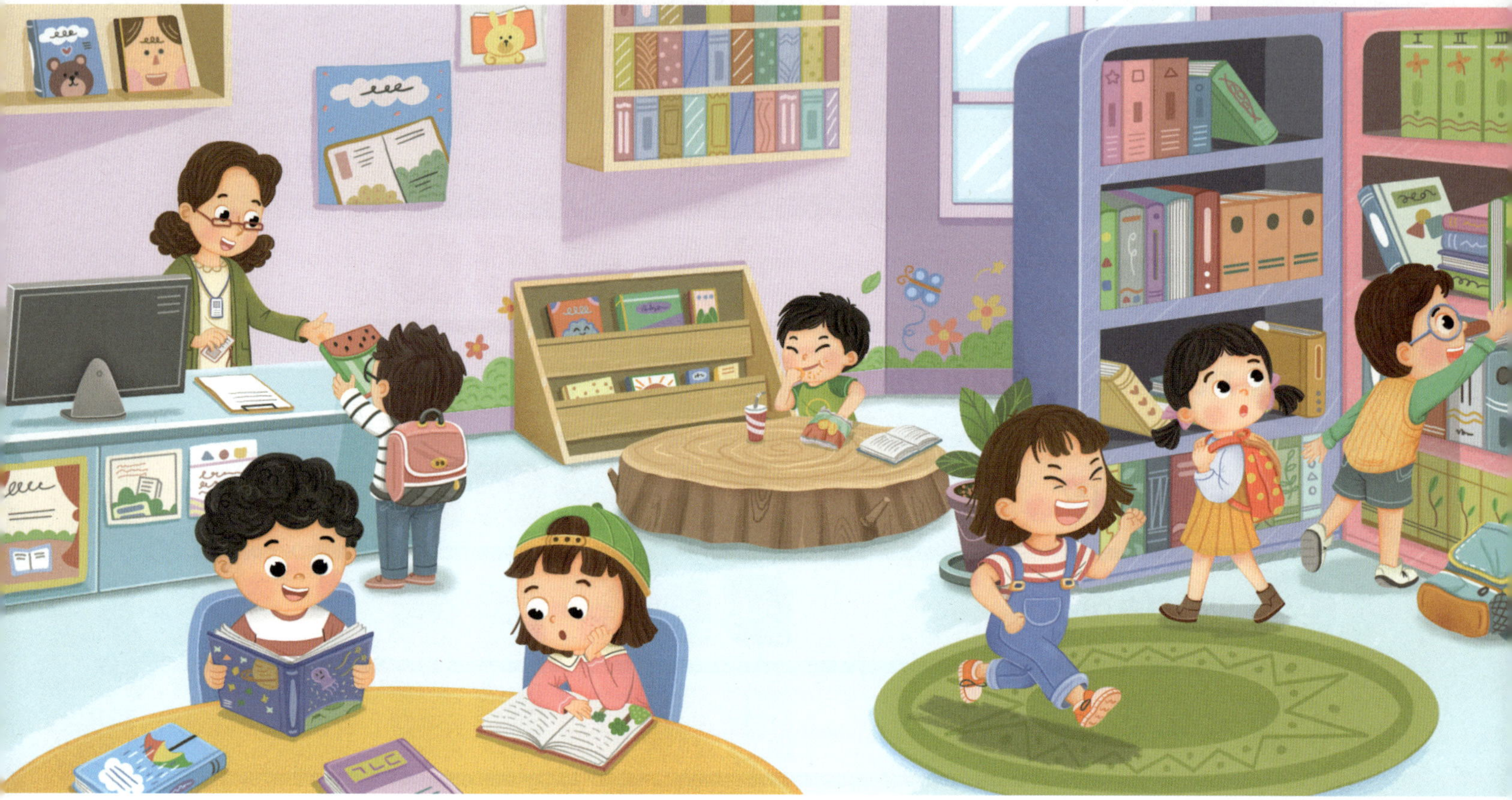

도서관은 여러 사람이 책을 읽는 곳입니다. 도서관에서는 다른 사람들의 시간을 방해하지 않기 위해 조용히 해야 합니다. 큰 소리로 떠들거나 음식을 먹는 행동을 하면 안 됩니다. 또, 시끄럽게 뛰거나 발소리를 내지 않도록 조심해야 합니다. 자리에 앉아 조용히 책을 읽고, 다 읽은 후에는 제자리에 가져다 둡니다.

책을 빌릴 때에는 사서 선생님께 책을 들고 가서 대출증을 확인한 후에 빌려 갑니다. *대출 기간이 정해져 있으므로 *반납하는 날을 지키지 않으면 대출이 정지될 수 있습니다. 모두가 함께 이용하는 책이므로 망가뜨리거나 잃어버리지 않고 깨끗이 보고 반납하도록 합니다.

* 대출: 돈이나 물건 따위를 빌려주거나 빌림.
* 반납: 도로 돌려줌.

TIPTALK

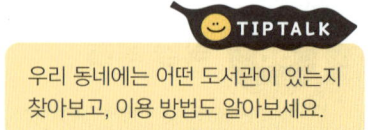

우리 동네에는 어떤 도서관이 있는지 찾아보고, 이용 방법도 알아보세요.

2 글을 읽고 물음에 답하세요.

● 어디에 대한 글인지 고르세요.

　　　　　　　　영화관　　　도서관　　　교무실

● 글의 내용에 맞게 빈칸에 알맞은 말을 써서 문장을 완성하세요.

　　도서관은 여러 사람이 _____ 을/를 읽는 곳입니다.

　　도서관에서는 다른 사람들의 시간을 방해하지 않기 위해 _____ 해야 합니다.

　　대출 기간이 정해져 있으므로 _____ 날을 지켜야 합니다.

● 그림에서 도서관 예절을 지키지 못한 친구를 찾아 ○ 하세요. 그리고 해 주고 싶은 말을 자신의 생각이 잘 드러나게 쓰세요.

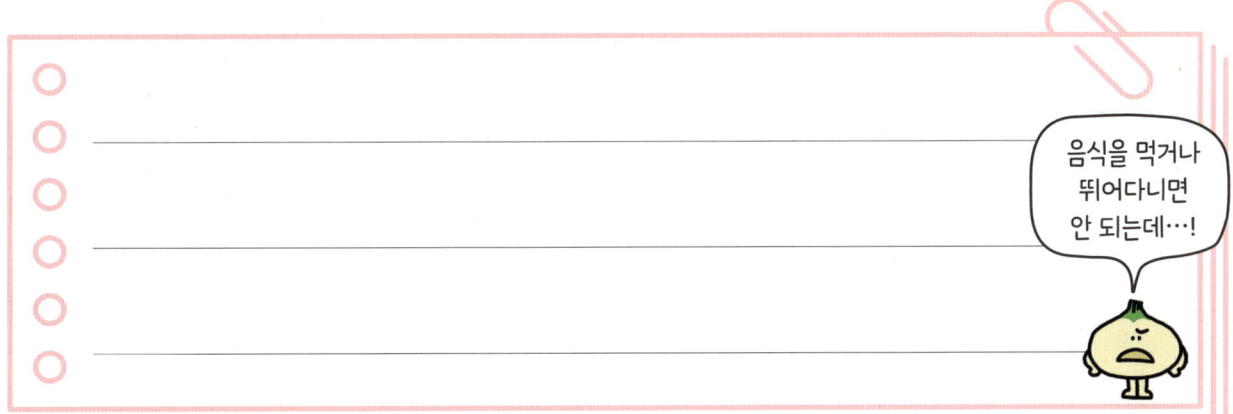

음식을 먹거나 뛰어다니면 안 되는데…!

57 자리를 맞추어 끼리끼리 더하기

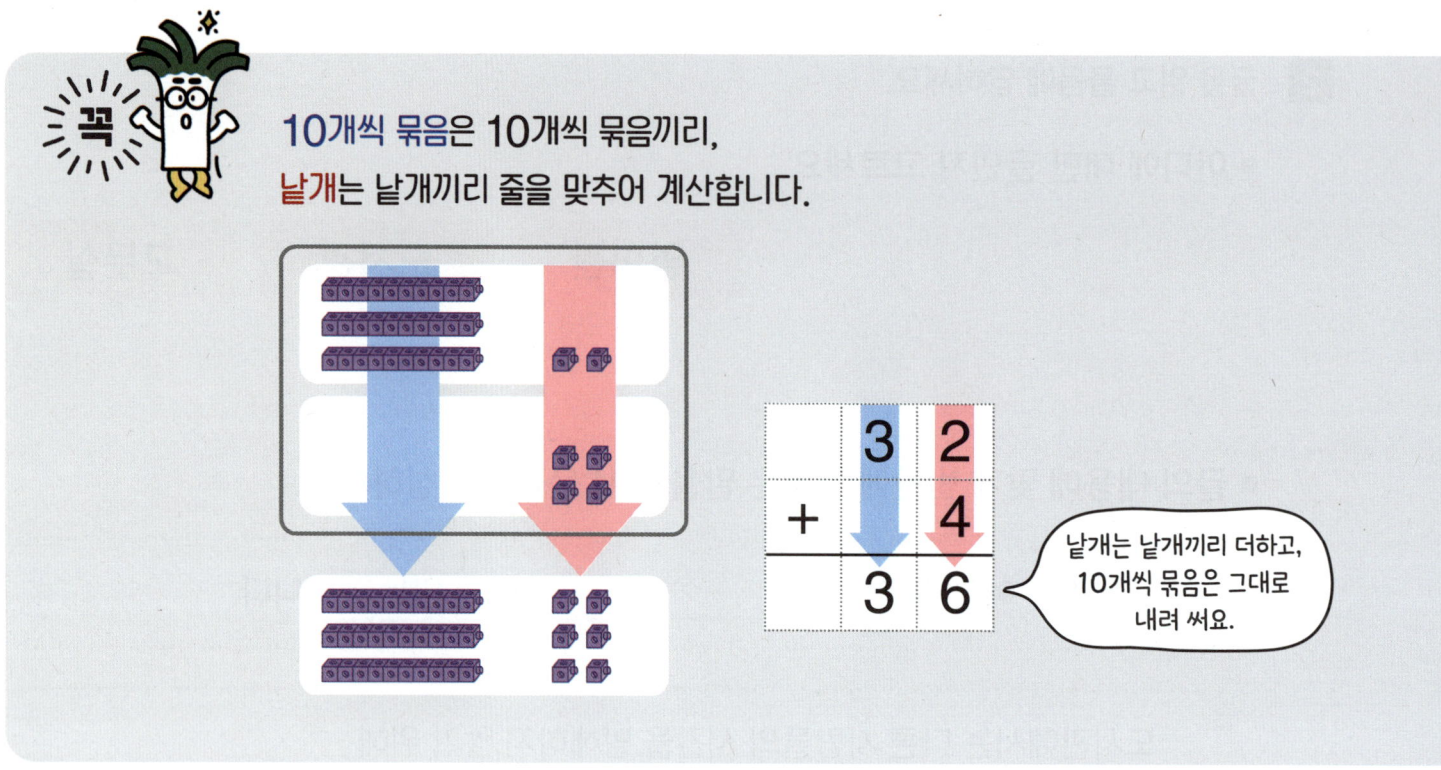

10개씩 묶음은 10개씩 묶음끼리, 낱개는 낱개끼리 줄을 맞추어 계산합니다.

낱개는 낱개끼리 더하고, 10개씩 묶음은 그대로 내려 써요.

1 덧셈을 하세요.

```
   6 4
 +   3
```

```
     8
 + 9 0
```

```
   1 0
 + 4 0
       0
```
↑ 낱개의 수가 모두 0이므로 0을 꼭 써요!

```
   7 1
 +   5
```

```
     7
 + 2 2
```

```
   5 0
 + 3 0
```

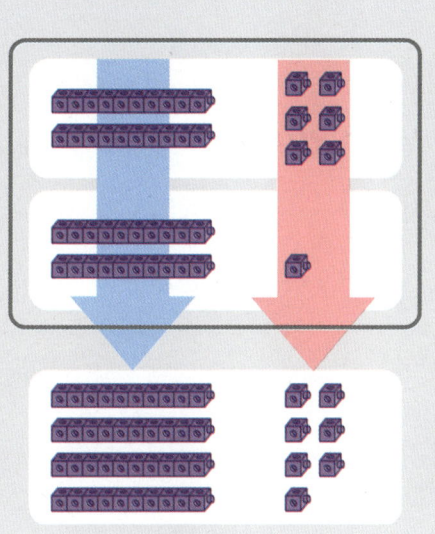
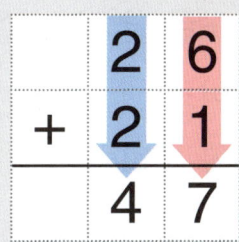

낱개는 낱개끼리 더하고, 10개씩 묶음은 10개씩 묶음끼리 더해요. 같은 자리끼리 계산하지 않으면 틀린 답이 돼요.

2 덧셈을 하세요.

```
    2 3           3 9           1 6
+   7 2       +   4 0       +   6 3
―――――――       ―――――――       ―――――――
```

```
    4 6           8 1           2 4
+   5 2       +   1 7       +   3 4
―――――――       ―――――――       ―――――――
```

꽃이랑 벌이랑

1 다음 글을 소리 내어 읽어 보세요.

나는 꽃이야.
날개는 없지만 내 향기는 멀리까지 날 수 있어.
넌 초록빛 위로 노란 날 찾을 수 있지.
난 꿀을 담고 있어.
너는 내 꿀을 가장 좋아하지.

나는 벌이야.
작지만 너를 찾아 힘껏 날 수 있어.
너의 향기를 바로 알지.
달콤한 꿀을 꿀꺽 마셔.
너의 꿀은 세상에서 가장 달콤해.

나는 꽃이야.
나는 벌이야.
우리는 친구야.

2 글을 읽고 물음에 답하세요.

● 이 시에 등장하는 것은 누구인지 모두 고르세요.

꽃   벌   나비

● 꽃의 생각이 잘 드러난 문장은 무엇인가요?

| 나는 꽃이야. | 너의 향기를 바로 알지. | 날개는 없지만 내 향기는 멀리까지 날 수 있어. |

● 벌의 생각이 잘 드러난 문장이 아닌 것을 고르세요.

| 작지만 너를 찾아 힘껏 날 수 있어. | 너는 내 꿀을 가장 좋아하지. | 너의 꿀은 세상에서 가장 달콤해. |

● 꽃이랑 벌처럼 내가 잘하는 것은 무엇인지 문장으로 쓰세요.

덧셈 연습 ①

1 가로셈을 세로셈으로 나타내고, 덧셈을 하세요.

61+6=

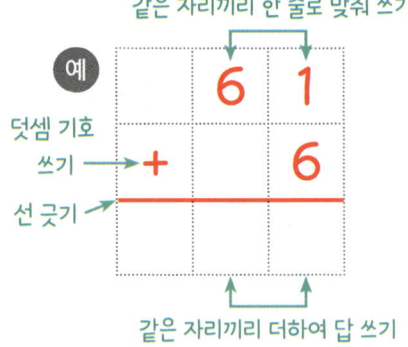

18+21=

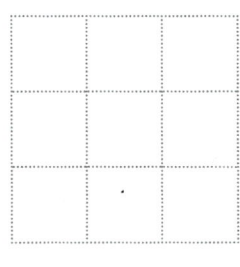

35+13=

3+45=

20+37=

12+24=

30+50=

71+16=

1+93=

2 덧셈을 하세요.

```
  1 0        4 7        2 5
+ 3 4      + 1 2      + 2 4
-----      -----      -----
```

```
  8 0        5 0        1 4
+   7      + 1 9      + 7 3
-----      -----      -----
```

```
  5 2        6 0        1 5
+   5      +   3      + 8 0
-----      -----      -----
```

```
    3        3 3        4 1
+ 2 1      + 2 6      + 2 2
-----      -----      -----
```

낫, 낯, 낯

글자는 다르지만 소리가 같아서 헷갈리는 말이 많아요.
'낫, 낯, 낯'의 받침은 각각 'ㅅ, ㅈ, ㅊ'으로 되어 있어요.
그런데 소리 내어 읽을 때는 모두 [낟]으로 똑같이 발음하게 되지요.
이렇게 글자와 소리가 다른 낱말은 소리 나는 대로 쓰면 안 돼요.
읽는 사람이 그 뜻을 바로 알기 어렵기 때문이에요. 낱말 앞뒤에 어떤 말이 오는지 소리 내어 읽어 보고 받침을 살려 쓰는 연습을 해 보세요.

1 그림에 알맞은 낱말을 따라 쓰고, 어울리는 문장을 선으로 이으세요.

낫
[낟]

*낯이[나치] 익은 사람이더라.

낮
[낟]

아까 낮에[나제] 잠깐 잤어요.

낯
[낟]

풀을 베게 낫을[나슬] 가져와라.

*낯: 눈, 코, 입 따위가 있는 얼굴의 바닥.

2 그림에 알맞은 낱말을 골라 빈칸에 쓰고, 소리 내어 읽어 보세요.

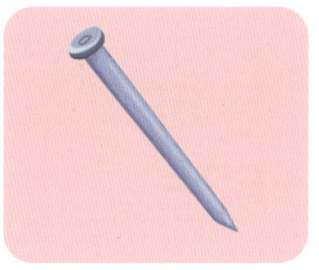 

덧셈 연습 ②

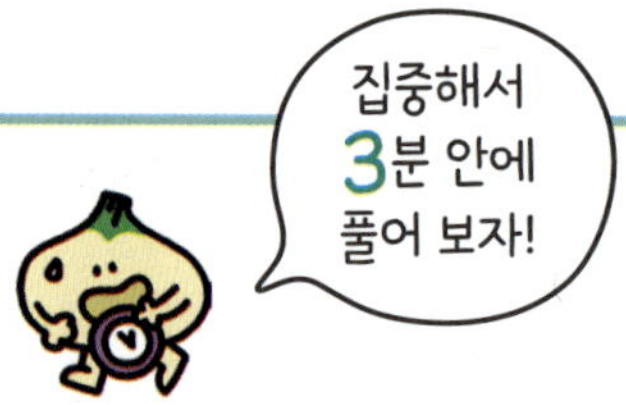

1 덧셈을 하세요.

2+52=   30+26=   35+14=

TIPTALK 무조건 앞의 수끼리 더하면 안 돼요! 자릿수가 다른 두 수를 계산할 때는 반드시 같은 자리끼리 계산해요.

22+64=   24+33=

63+1=   15+20=   35+62=

10+50=   33+13=   77+20=

40+3=   42+45=   51+44=

5+80=   17+82=   83+15=

2 아이스크림에 적힌 두 수의 합이 ▽의 수가 되도록 붙임딱지를 붙이세요.

자연스럽게 띄어 읽기

1 다음 문장을 소리 내어 읽어 보세요.

소리내어 읽기

가을이 오면 초록 잎을 입었던 나무들이 갈색 옷으로 갈아입습니다.

∨를 표시한 대로 띄어 읽기

가을이 오면∨초록 잎을 입었던 나무들이∨갈색 옷으로 갈아입습니다.

앞서 쐐기표(∨)로 띄어 읽기 표시를 했었죠?
문장을 읽을 때는 문장의 내용을 생각하며 뜻이 잘 통할 수 있게 띄어 읽어요.
다음 문장을 자연스럽게 띄어 읽어 보세요.

(1) 소리내어 읽기 — **(2) ∨를 표시하고 띄어 읽기**

우리 교실에서 모두가 지켜야 할 규칙은 자기 자리 정돈입니다.

(1) 소리내어 읽기 — **(2) ∨를 표시하고 띄어 읽기**

초록불이 켜지면 좌우를 살피고 차가 오지 않는지 확인한 후에 손을 들고 건너야 합니다.

처음에는 의식하지 않고 문장을 소리 내어 읽어 본 다음, ∨를 표시한 대로 다시 띄어 읽어 보게 하세요. 의미 단위로 자연스럽게 띄어 읽도록 지도해 주세요.

2 다음 글을 자연스럽게 띄어 읽어 보세요.

> 어느 마을에 꽃점 소녀가 살고 있었어요.
> 소녀는 아침에 일어나면 세수를 하고, 점에다 꽃을 그려 넣었어요.
> 그리고 이렇게 말했죠.
> "우아, 오늘은 더 예쁜 꽃인데!"
> 꽃점 소녀는 아주 어릴 때부터 얼굴에 난 점 때문에 친구들에게 놀림을 많이 당했어요.
> 어느 날, 심술궂은 친구가 놀리며 말했어요.
> "얼굴에 콩을 심은 거냐? 하하하."
> 그때부터 소녀는 점 주변에 꽃잎을 그려 넣기 시작했어요. 처음에는 조금 우스워 보였지만, 친구들이 놀리더라도 꿋꿋하게 웃어넘겼어요.
> "난 얼굴에 꽃을 심고 다니는 아이야."

먼저 한 문장씩 소리 내어 읽어 보고, 점점 긴 글을 읽을 수 있도록 지도해 주세요. 엄마와 번갈아 한 문장씩 읽어 봐도 좋습니다.

3 꽃점 소녀에게 해 주고 싶은 말을 문장으로 쓰세요.

덧셈식 만들기

1 그림을 보고 모두 몇 개인지 덧셈식을 세워 답을 구하세요.

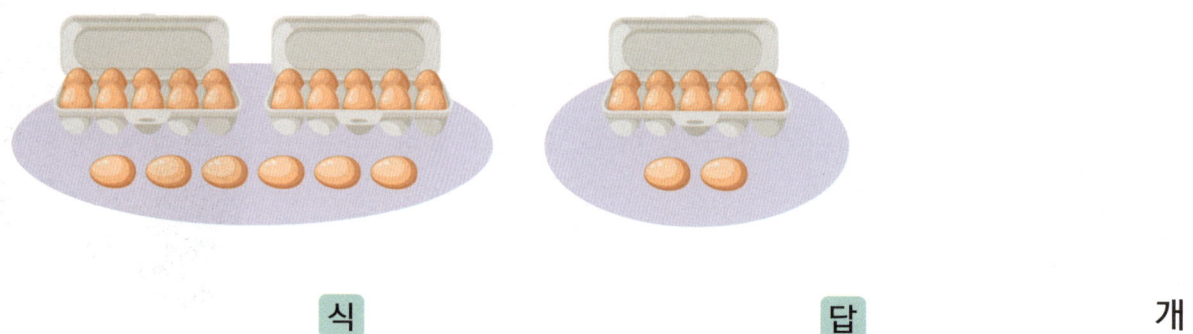

식 _____ 답 _____ 개

식 _____ 답 _____ 개

식 _____ 답 _____ 개

2 문제를 잘 읽고 식을 세워 답을 구하세요.

급식실에 딸기우유 14개,
초코우유 23개가 있습니다.
급식실에 있는 우유는 모두 몇 개일까요?

식 _____

답 _____ 개

산길에 단풍잎 17장, 은행잎 10장이
떨어져 있습니다. 산길에 떨어진
단풍잎과 은행잎은 모두 몇 장일까요?

식 _____

답 _____ 장

칭찬 붙임딱지를 지난달에 10장 모았고,
이번 달에 20장 모았습니다.
지난달과 이번 달에 모은 칭찬 붙임딱지는
모두 몇 장일까요?

식 _____

답 _____ 장

버스에 13명이 타고 있었습니다.
정류장에서 아무도 내리지 않고,
6명이 더 탔습니다.
지금 버스에 타고 있는 사람은 모두
몇 명일까요?

식 _____

답 _____ 명

불을 켜고 끄다

1 그림에 어울리는 반대말을 따라 쓰세요.

'켜다'와 '끄다'처럼 뜻이 서로 반대되는 말을 알아보자!

켜다 ↔ 끄다

밝다 ↔ 어둡다

안 ↔ 밖

들어오다 ↔ 나가다

있다 ↔ 없다

무겁다 ↔ 가볍다

위 ↔ 아래

올라가다 ↔ 내려가다

2 다음 상황에 어울리는 말을 보기 에서 찾아 쓰세요.

보기: 춥고   주어서   더워요   샀어요   받았어요

아이스크림을 팔길래

돈을 주고 [   ].

겨울은 너무 [   ]

여름은 너무 [   ].

은채가 선물을 [   ]

고맙게 [   ].

먹이 저장하기

1 그림을 보고 너구리 이야기를 완성하세요.

너구리 가족은 겨울잠을 자기 전에 먹을 땅콩을 모았어요.

아빠 너구리와 엄마 너구리가 나무 구멍에 담아 둔 땅콩은 모두 ☐ 개예요.

형 너구리와 동생 너구리가 땅속에 넣어 둔 땅콩은 모두 ☐ 개예요.

2 두 수의 합이 90이 되려면 나비는 어느 꽃에 앉아야 하는지 선으로 이으세요.

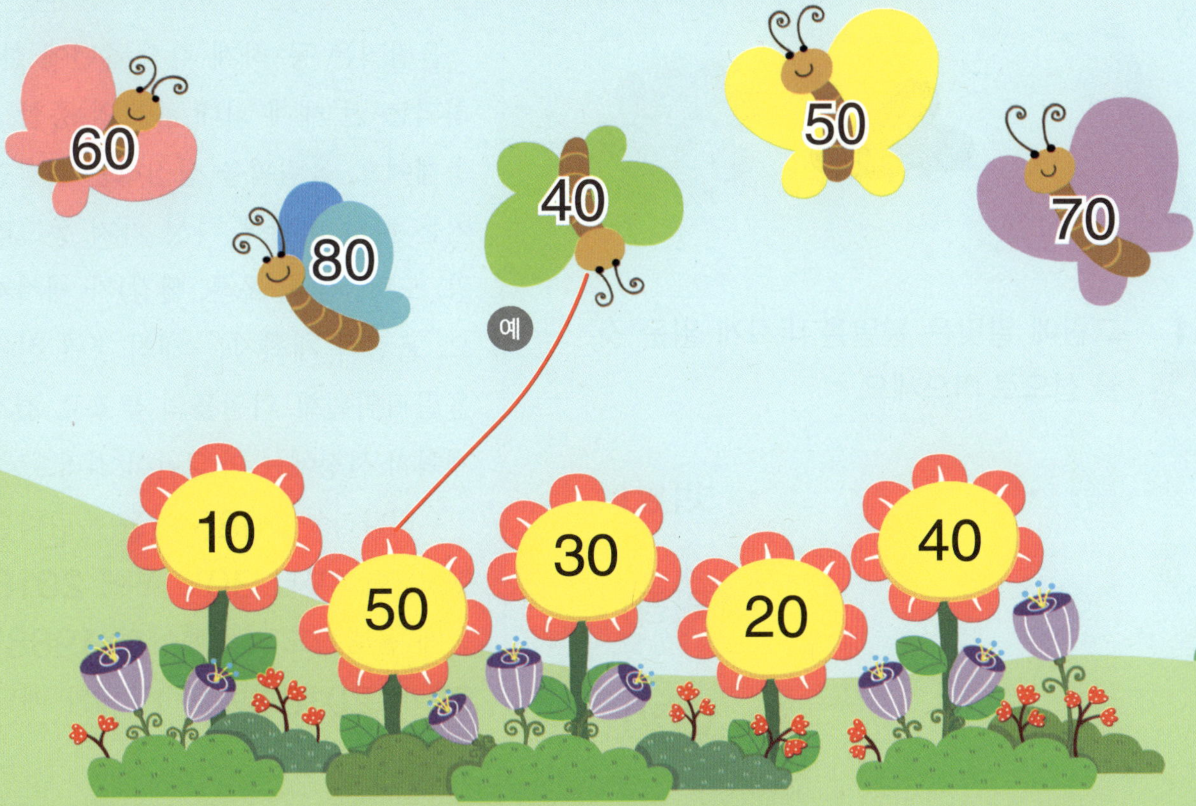

3 두 수의 합이 99가 되려면 벌은 벌집의 어느 방에 들어가야 하는지 선으로 이으세요.

꼭공 복습

66 종합

★ 그림을 보고 물음에 답하세요. [1-3]

㉠　　　㉡　　　㉢

1 그림에 알맞은 낱말을 바르게 읽은 것을 선으로 이으세요.
(맞춤법)

㉠ •　　　　• 빗[빋]

㉡ •　　　　• 꽃[꼳]

㉢ •　　　　• 팥[판]

2 빈칸에 알맞은 낱말을 그림에서 골라 쓰세요.
(어휘)

(1) _____으로 죽을 쑵니다.

(2) _____ 향기를 맡아 봅니다.

(3) _____으로 머리를 _____습니다.

3 글자를 소리 나는 대로 쓰면 안 되는 까닭은 무엇인가요? (　　　)
(맞춤법)

① 읽는 사람이 글자를 모르므로
② 읽는 사람이 뜻을 알기 어려우므로
③ 읽는 사람이 쉽게 이해할 수 있으므로

★ 글을 읽고 물음에 답하세요. [4-7]

> 올림픽은 동·하계 각각 4년에 한 번 개최되는 전 세계 최대 규모의 종합 스포츠 축제예요. 올림픽을 상징하는 깃발인 오륜기는 하얀 바탕에 다섯 가지 동그라미(파랑, 노랑, 검정, 초록, 빨강)가 새겨져 있어요. 올림픽 개최지는 개최 7년 전에 국제올림픽위원회 위원들의 투표로 결정되고, 개최지 선정에는 약 2년이 걸려요.
> 우리나라는 1988 서울 올림픽을 개최했고, 이로부터 30년 후에 2018 평창 동계 올림픽도 개최했어요. 1988년에는 33개, 2018년에는 17개의 메달을 땄어요.

4 무엇을 설명하는 글인가요?
(독해)

　월드컵　　　올림픽

5 이 글에서 알 수 있는 내용으로 알맞지 않은 것은 무엇인가요? (　　　)
(독해)

① 올림픽 종목
② 올림픽 깃발의 모양
③ 올림픽 개최지 선정 방법

6 1988년 서울 올림픽에서 우리나라가 딴 메달 수를 나타낸 것입니다. 금메달과 동메달은 모두 몇 개일까요?

12 + ☐ = ☐ (개)

7 설희네 이모는 서울 올림픽 때 7살이었습니다. 30년 후에 열린 평창 동계올림픽 때 이모는 몇 살이었을까요?

식 _____

답 _____ 살

8 계산을 하세요.

(1) 46+3=

(2) 23+71=

9 2+26을 바르게 계산한 사람은 누구일까요?

( )   ( )

10 합이 같도록 두 수를 각각 선으로 이으세요.

(1)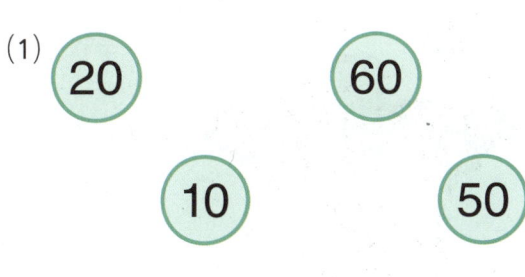

(2)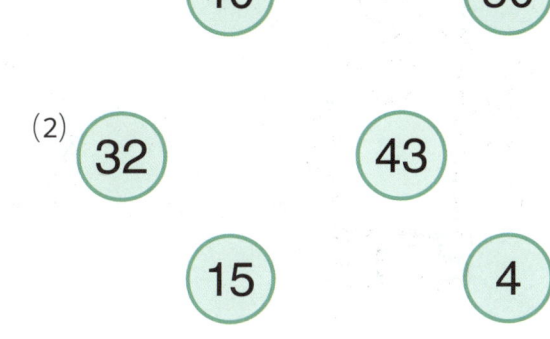

꼭공 국어 수학
67~77

우아, 벌써 마지막이야!
끝까지 힘내자!

복잡한 계산도, 긴 문장 읽기도
이젠 척척 할 수 있게 될걸!

· 학습 계획표 ·

꼭공 내용	꼭공 능력	공부한 날
67 생존 수영	한글 / 어휘 / 맞춤법 / 문장 / **독해**	/
68 자리를 맞추어 끼리끼리 빼기	**개념** / **연산** / 문장제 / 문제해결 / 추론	/
69 대화 간추리기	한글 / 어휘 / 맞춤법 / 문장 / **독해**	/
70 뺄셈 연습 ①	**개념** / **연산** / 문장제 / 문제해결 / 추론	/
71 짝꿍이 생겼다	한글 / 어휘 / 맞춤법 / **문장** / **독해**	/
72 뺄셈 연습 ②	개념 / **연산** / **문장제** / 문제해결 / 추론	/
73 모양을 생각하며 글씨 쓰기	**한글** / **어휘** / 맞춤법 / 문장 / 독해	/
74 공원 산책	개념 / **연산** / **문장제** / **문제해결** / 추론	/
75 힘이 센 말	한글 / 어휘 / 맞춤법 / **문장** / **독해**	/
76 선생님처럼 채점하기	개념 / **연산** / 문장제 / 문제해결 / **추론**	/
77 꼭공 복습	**국어** / 수학	/

생존 수영

1 글쓴이에게 어떤 일이 있었는지 생각하며 글을 읽어 보세요.

오늘은 생존 수영 수업이 있는 날이다.

"자, 이제 수영장 버스를 타러 나가 볼까요?"

친구들은 교실이 아니라 수영장에서 수업하는 게 더 좋다며 "야호!" 소리를 지르며 즐거워했다. 하지만 물을 무서워하는 나는 교실 밖으로 나가는 것부터 무서웠다.

수영장에 도착하자마자 친구들은 분주하게 수영복으로 갈아입기 시작했다.

이미 수영복을 입고 온 친구들도 있었다. 나는 최대한 시간을 끌며 겨우겨우 수영복을 입었다.

물 밖에 서서 앞서 하는 친구들의 모습을 지켜보았다. 친구들은 물속에서 숨을 참았다가 고개를 들고 어푸어푸 숨을 쉬기도 하고, 물에 동동 잘 뜨기도 했다. 나는 친구들이 신기하고 부러웠다.

드디어 내 차례가 되었다. 차가운 물에 들어가니 몸이 얼음처럼 굳는 것 같았다. 친구들은 물속에 거침없이 얼굴과 몸을 담갔지만, 나는 고개를 절레절레 저으면서 자꾸 뒷걸음을 쳤다. 떨고 있는 나를 보고 선생님이 다가오셨다.

"괜찮니? 숨 참는 것은 할 수 있지? 숨을 참고 물에 들어가면 코나 귀로 물이 안 들어가니까 걱정 말고 한 번만 해 보자."

선생님은 나를 달래며 얼굴만 살짝 적셔 보자고 하셨다. 난 손으로 코를 막고 일단 물속에 얼굴을 넣었다 냉큼 뺐다. 걱정했던 것보다는 쉬웠다.

이번에는 손을 떼고 숨을 참고 들어갔다가 또 냉큼 나왔다.

후후, 나도 이제 할 수 있다!

*분주하다: 몹시 바쁘게 뛰어다니다.

2 글을 읽고 물음에 답하세요.

● 글쓴이가 오늘 받는 수업은 무엇인가요?

☐☐ ☐☐

● 글쓴이가 겪은 일을 시간 순서대로 번호를 쓰세요.

천천히 수영복을 갈아입었다.	☐
숨을 참고 물속에 얼굴을 넣었다 뺐다.	☐
생존 수영 수업을 하러 수영장에 갔다.	☐

● 겪은 일에 대한 글쓴이의 생각이나 느낌이라고 볼 수 <u>없는</u> 것을 고르세요.

교실보다 수영장에서 하는 수업이 재미있지.

숨을 잘 참고 물에 잘 뜨는 친구들이 부럽다.

난 물이 너무 무서운데…, 코나 귀로 물이 들어가면 어쩌지?

● 글쓴이가 겪은 일에 대한 자신의 생각이나 느낌을 쓰세요.

잠깐이지만 물속에서 숨을 참아 내는 걸 보니 _____

_____

68 자리를 맞추어 끼리끼리 빼기

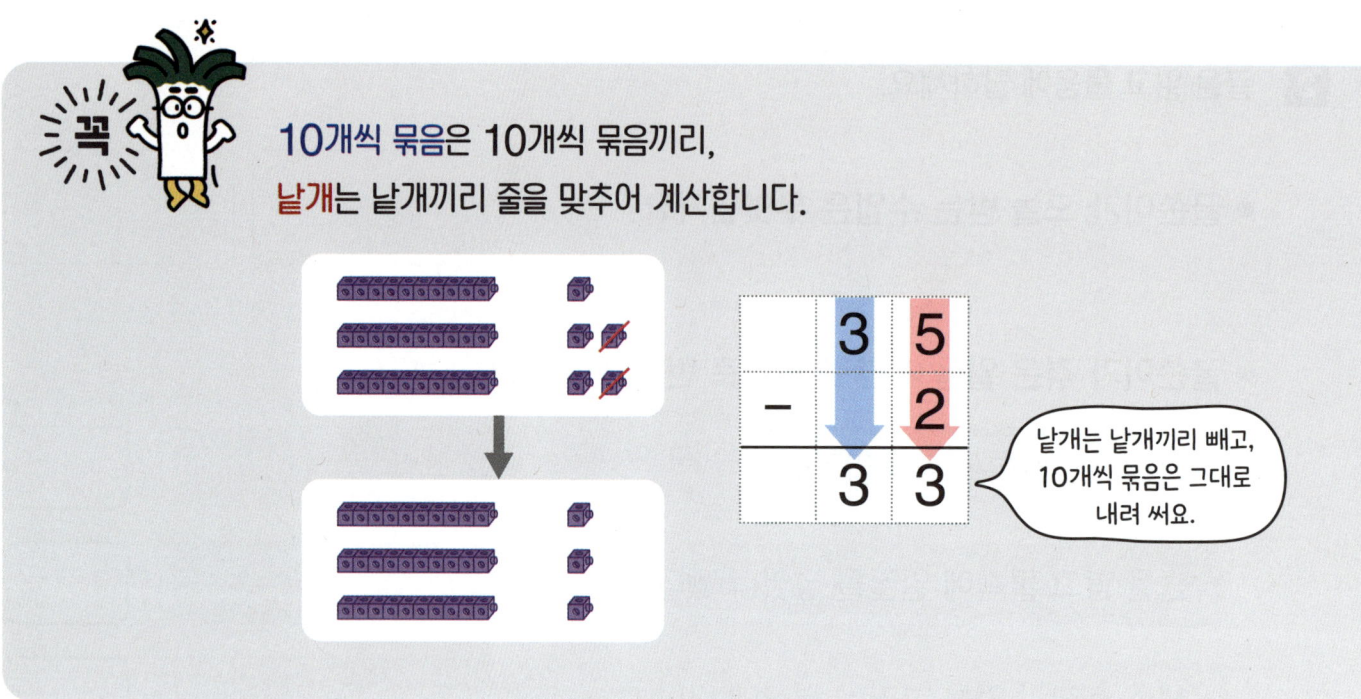

10개씩 묶음은 10개씩 묶음끼리, 낱개는 낱개끼리 줄을 맞추어 계산합니다.

낱개는 낱개끼리 빼고, 10개씩 묶음은 그대로 내려 써요.

1 뺄셈을 하세요.

```
  1 7        3 8        5 9
-   4      -   7      - 2 0
```

```
  9 7        4 2        7 0
-   5      -   2      - 3 0
```

2 뺄셈을 하세요.

```
   8 5
 - 3 4
 ─────
```

```
   6 6
 - 4 0
 ─────
```

```
   4 8
 - 1 6
 ─────
```

```
   7 9
 - 3 3
 ─────
```

```
   3 7
 - 3 0
 ─────
```

```
   9 2
 - 1 1
 ─────
```

대화 간추리기

1 친구들의 대화를 읽어 보세요.

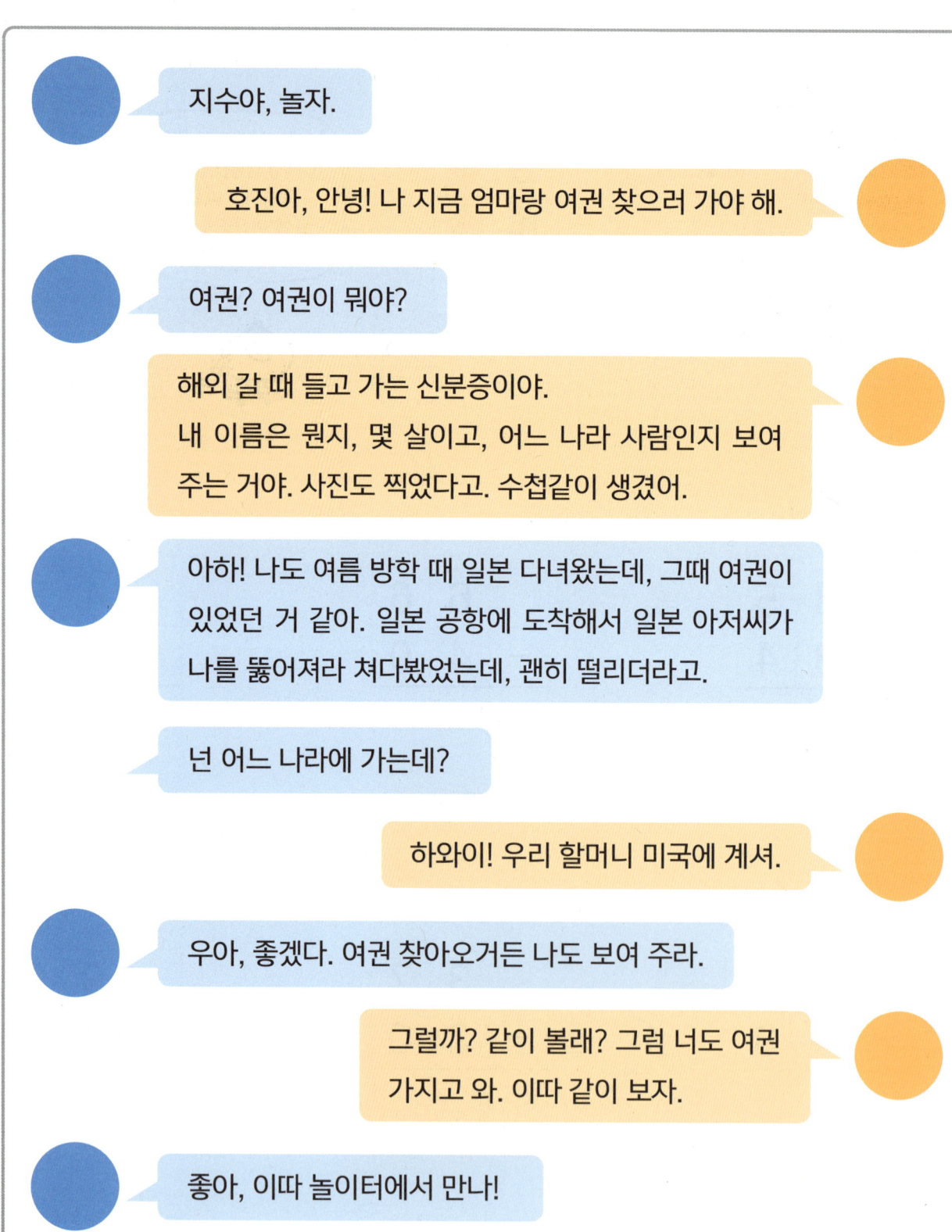

- 지수야, 놀자.
- 호진아, 안녕! 나 지금 엄마랑 여권 찾으러 가야 해.
- 여권? 여권이 뭐야?
- 해외 갈 때 들고 가는 신분증이야. 내 이름은 뭔지, 몇 살이고, 어느 나라 사람인지 보여 주는 거야. 사진도 찍었다고. 수첩같이 생겼어.
- 아하! 나도 여름 방학 때 일본 다녀왔는데, 그때 여권이 있었던 거 같아. 일본 공항에 도착해서 일본 아저씨가 나를 뚫어져라 쳐다봤었는데, 괜히 떨리더라고.
- 넌 어느 나라에 가는데?
- 하와이! 우리 할머니 미국에 계셔.
- 우아, 좋겠다. 여권 찾아오거든 나도 보여 주라.
- 그럴까? 같이 볼래? 그럼 너도 여권 가지고 와. 이따 같이 보자.
- 좋아, 이따 놀이터에서 만나!

2 친구들의 대화를 간추리면서 물음에 답하세요.

● 친구들은 무엇에 대한 이야기를 나누고 있나요?

여권   놀이

● 여권을 보면 알 수 있는 것을 모두 고르세요.

이름   나이   나라   학교

● 호진이가 방학 때 다녀온 곳은 어디인가요?

일본   미국   제주도

● 여권을 간단히 설명할 수 있도록 빈칸에 알맞은 말을 쓰세요.

여권은 _____ 에 갈 때 들고 가는 _____ (으)로, 내 사진과 정보가 담겨 있습니다.

● 대화 내용을 잘못 이해한 친구를 고르세요.

호진이는 일본 공항에서 많이 긴장했었나 봐.

일본은 가까워서 여권이 없어도 갈 수 있어.

지수네 할머니는 미국에 살고 계신대.

뺄셈 연습 ①

1 가로셈을 세로셈으로 나타내고, 뺄셈을 하세요.

74-20=   90-10=   39-22=

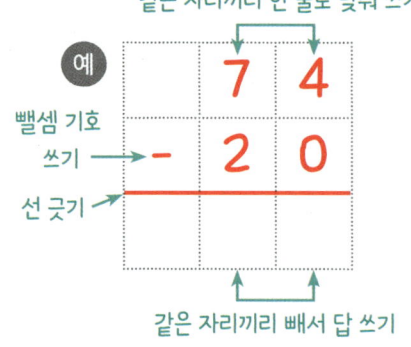

55-1=   76-30=   96-36=

68-3=   50-40=   87-50=

2 뺄셈을 하세요.

$$\begin{array}{r}35\\-20\\\hline\end{array}\qquad\begin{array}{r}68\\-42\\\hline\end{array}\qquad\begin{array}{r}28\\-8\\\hline\end{array}$$

$$\begin{array}{r}74\\-53\\\hline\end{array}\qquad\begin{array}{r}77\\-2\\\hline\end{array}\qquad\begin{array}{r}80\\-20\\\hline\end{array}$$

$$\begin{array}{r}67\\-6\\\hline\end{array}\qquad\begin{array}{r}56\\-15\\\hline\end{array}\qquad\begin{array}{r}59\\-43\\\hline\end{array}$$

$$\begin{array}{r}49\\-11\\\hline\end{array}\qquad\begin{array}{r}53\\-41\\\hline\end{array}\qquad\begin{array}{r}88\\-54\\\hline\end{array}$$

집중해서 6분 안에 풀어 보자!

짝꿍이 생겼다

1 지수의 마음을 생각하며 글을 읽어 보세요.

가

지난주만 해도 짝꿍 지연이랑 이야기하고 노느라 짧은 쉬는 시간이 쏜살같이 지나갔었는데, 이번 주는 내내 혼자 앉아 있다.

저 모둠은 성격이 안 맞을 것 같고, 저 모둠은 내가 모르는 연예인 이야기만 하고…. 그렇게 어디에도 끼지 못한 채 오늘 오후도 혼자 앉아 애꿎은 지우개만 돌리고 있는 중이었다.

그때 담임 선생님께서 새로운 친구를 데리고 앞문으로 들어오셨다. 선생님께서 교탁 앞에 서서 말씀하셨다.

"오늘 전학 온 새로운 친구를 소개할게요. 자기소개 해 볼까?"

"안녕? 다들 만나서 반가워. 내 이름은 김영이야. '영이' 아니고, 그냥 '영', 제로! 제주에서 왔어. 앞으로 잘 부탁해."

친구들은 힘차게 박수를 쳐 주었다.

나

"영이는 저기 창가에 있는 지수 옆에 가서 앉으면 되겠다. 지수야, 영이 잘 부탁해!"

영이는 조용히 내 옆에 와 앉았다.

드디어 나에게도 다시 짝꿍이 생겼다.

이야기 속에서 말이나 행동, 생각을 하는 이를 **인물**이라고 해요. 이야기를 읽으며 인물에게 무슨 일이 생겼는지 살펴보고, 생각이나 마음을 짐작해 봐요. 지수의 표정에서는 어떤 마음을 짐작할 수 있나요? 자신의 경험을 떠올려 내가 이야기 속 인물이라면 어떨지 생각해 봐도 좋아요.

2 글을 읽고 물음에 답하세요.

● 오늘 지수에게 일어난 일로 알맞은 것을 고르세요.

새로운 짝꿍이 생겼다. ☐

모둠에서 지우개 돌리기 놀이를 했다. ☐

짝꿍 지연이랑 쉬는 시간에 재미있게 놀았다. ☐

● 새로운 친구에 대해 <u>잘못</u> 알고 있는 친구를 고르세요.

제주에서 왔대.

이름은 '김영'이래.

별명이 제로래.

● 가, 나 의 상황에서 지수의 마음이 어땠을지 짐작하여 쓰세요.

가
_____
_____
_____

나
_____
_____
_____

뺄셈 연습 ②

1 뺄셈을 하세요.

26-6=   58-12=   80-30=

96-31=   65-54=   75-45=

50-30=   99-1=   79-8=

39-7=   46-23=   57-26=

52-10=   78-76=   44-4=

90-60=   85-61=   95-32=

2 문제를 잘 읽고 식을 세워 답을 구하세요.

예린이는 색종이를 56장 샀습니다.
그중에서 5장으로 종이접기를 했습니다.
남은 색종이는 몇 장일까요?

식 _____

답 _____ 장

식탁에 딸기주스 25병,
오렌지주스 12병이 있습니다.
딸기주스는 오렌지주스보다
몇 병 더 많을까요?

식 _____

답 _____ 병

나는 카드 마술 15가지를 할 수 있고,
동생은 11가지를 할 수 있습니다.
나는 동생보다 카드 마술을
몇 가지 더 할 수 있을까요?

식 _____

답 _____ 가지

내일까지 책 37쪽을 읽기로 약속했습니다.
오늘 10쪽을 읽었다면
앞으로 몇 쪽 더 읽어야 할까요?

식 _____

답 _____ 쪽

모양을 생각하며 글씨 쓰기

ㄱ		
고	개	

ㄲ		
거	꾸	로

ㅋ			
코	스	모	스

ㄷ		
돌	담	

ㄸ		
따	뜻	한

ㅌ			
토	박	이	말

ㅂ		
바	위	

ㅃ		
빠	르	다

ㅍ			
파	프	리	카

| 꼭공 능력 | 한글 | 어휘 | 맞춤법 | 문장 | 독해 |

ㅈ
자	연

ㅊ
초	록	색

ㅉ
반	짝	반	짝

ㅅ
사	진

시	소

ㅆ
씨	앗

싹	트	다

받침 ㄲ
밖	에

꺾	다

받침 ㅆ
갔	다

있	었	다

공원 산책

1. 위아래 그림을 비교해 보면 같은 자리에 있는 문제의 답이 4군데 빼고 서로 같습니다. 서로 답이 다른 4군데를 찾아 ○를 하세요.

2. 트럭에서 도넛과 음료수를 팔고 있습니다.
그림을 보고 문제에 알맞은 식을 세워 답을 구하세요.

▶ 딸기도넛( )과 초코도넛( )은 모두 몇 개일까요?

식 _____ 답 _____ 개

▶ 초코도넛은 딸기도넛보다 몇 개 더 많을까요?

식 _____ 답 _____ 개

▶ 오렌지주스( )는 포도주스( )보다 몇 개 더 적을까요?

식 _____ 답 _____ 개

힘이 센 말

1 다음 글을 소리 내어 읽어 보세요.

엄마가 '**사랑해**' 하면
마음이 그렁그렁.
눈물도 웃음도 한꺼번에 쏟아집니다.

아빠가 '**할 수 있어**' 하면
마음이 으쓱으쓱.
넘어져도 다시 일어날 수 있습니다.

동생이 '**고마워**' 하면
마음이 보송보송.
작은 일도 소중합니다.

친구가 '**미안해**' 하면
마음이 히죽히죽.
다툰 뒤에도 다시 친구가 됩니다.

내가 '**괜찮아**' 하면
마음이 말랑말랑.
기쁠 때나 슬플 때도 함께합니다.

세상에서 가장 힘이 센 말입니다.
마음을 들었다 놨다 합니다.

2 글을 읽고 물음에 답하세요.

● 글쓴이의 마음을 그렁그렁하게 만드는 말은 무엇인가요?

사랑해 괜찮아

● 글쓴이가 넘어져도 다시 일어날 수 있게 하는 말은 무엇인가요?

할 수 있어 미안해

● 자신이 생각하는 힘이 센 말은 무엇인지 말해 보세요.

3 글에 나온 힘이 센 말을 또박또박 쓰세요.

| 사 | 랑 | 해 | 고 | 마 | 워 | 할 | 수 | 있 | 어 |

| 미 | 안 | 해 | 괜 | 찮 | 아 | 힘 | 이 | 센 | 말 |

선생님처럼 채점하기

1 기특이의 시험지입니다.
맞았으면 ◯, 틀렸으면 / 표시를 하고 올바른 답을 써주세요.

단원 평가   이름 : 이기특

- 예 ① $43+4=8\cancel{3}$
  47
- 예 ② $28-20=\boxed{8}$ ⭕

- ③ $26+12=38$
- ④ $67-11=55$

- ⑤ $12+10=22$
- ⑥ $3+26=56$

- ⑦ $97-6=37$
- ⑧ $90-80=10$

- ⑨ $85-20=65$
- ⑩ $22+13=35$

2 기특이는 시험지 뒷장의 문제를 모두 맞혔습니다.
그런데 동생이 시험지에 낙서를 했습니다. □ 안에 알맞은 수를 써넣으세요.

예 ⑪
```
   2 [1]
 + 1  3
 ─────
  [3] 4
```

⑫
```
   8  5
 - 7 [2]
 ─────
  [0] 3
```

⑬
```
  [2] 5
 + 3 [4]
 ─────
   5  9
```

⑭
```
   9 [7]
 - 4  3
 ─────
  [5] 4
```

⑮
```
   3  6
 +[5] 2
 ─────
   9 [8]
```

⑯
```
  [6] 1
 - 1 [0]
 ─────
   5  1
```

꼭공 복습

★ 글을 읽고 물음에 답하세요. [1-3]

흑곰은 나무와 풀이 가득한 숲이나 산에서 살아요. 이들은 검은색이나 갈색 털을 가지고 있어서 숲속에서 숨바꼭질을 잘할 수 있어요.
반면에 백곰은 북극의 얼음 위에서 생활해요. 이들은 온몸이 흰 털로 덮여 있는데 이 털은 두껍고 푹신푹신해서 추운 날씨에도 따뜻하게 지낼 수 있어요.

1 이 글에서 설명하고 있는 것을 모두 고르세요.

흑곰   판다
백곰   반달곰

2 백곰이 추운 북극에서도 따뜻하게 지내는 이유는 무엇인가요? (　　)

① 눈이나 얼음이 녹아서
② 검은색 털을 갖고 있어서
③ 흰 털이 두껍고 푹신푹신해서

3 다음 낱말의 반대말을 글에서 찾아 쓰세요.

검은 ↔ ☐
더운 ↔ ☐
작은 ↔ ☐

★ 글을 읽고 물음에 답하세요. [4-7]

예진이는 요즘 줄넘기 연습이 한창이다.
한번에 65개를 하는 게 목표이다. 매일 조금씩 개수를 늘리고 있다.
어제는 한번에 42개를 했고 오늘은 53개를 했다. 줄이 쌩쌩 넘어갈 때마다 다리에 또 걸리지 않을까 조마조마하지만 ㉠처음 줄넘기를 배울 때보다는 훨씬 잘하게 되어 기분이 좋다. 내일은 더 열심히 연습할 생각이다.

4 예진이는 무엇을 하고 있나요?

줄타기   줄넘기   줄다리기

5 예진이는 줄넘기를 어제는 42개, 오늘은 53개를 했습니다. 어제와 오늘 줄넘기를 모두 몇 개 했나요?

식 _____

답 _____ 개

6 오늘 예진이는 줄넘기 53개를 했습니다. 줄넘기 65개를 하려면 앞으로 몇 개를 더 하면 될까요?

식 _____

답 _____ 개

7 ㉠에서 알 수 있는 마음을 나타낸 말을 보기 에서 찾아 쓰세요.

보기
아쉽다   심심하다   뿌듯하다

(_____)

8 계산을 하세요.

(1) 4 5
   -   2
   ─────

(2) 8 7
   - 2 3
   ─────

9 계산을 하세요.

(1) 71-40=

(2) 59-16=

10 빈칸에 알맞은 수를 써넣으세요.

64	+	23	=	
-				
=			+	
52			31	
93	-	50	=	
			79	

지은이 기적학습연구소

"혼자서 작은 산을 넘는 아이가 나중에 큰 산도 넘습니다"

본 연구소는 아이들이 혼자서 큰 산까지 넘을 수 있는 힘을 키워 주고자 합니다.
아이들의 연령에 맞게 학습의 산을 작게 만들어 혼자서도 쉽게 넘을 수 있게 만듭니다.
때로는 작은 고난도 경험하게 하여 성취감도 맛보게 합니다.
그리고 아이들에게 실제로 적용해서 검증을 통해 차근차근 책을 만들어 갑니다.

 1학년 2권

초판 발행 2025년 5월 30일

지은이 기적학습연구소
발행인 이종원
발행처 길벗스쿨
출판사 등록일 2006년 6월 16일
주소 서울시 마포구 월드컵로 10길 56(서교동 467-9)
대표 전화 02)332-0931   **팩스** 02)323-0586
홈페이지 www.gilbutschool.co.kr   **이메일** gilbut@gilbut.co.kr

기획총괄 신경아(skalion@gilbut.co.kr), 김미숙(winnerms@gilbut.co.kr)   **책임 편집 및 진행** 김정현, 이선진, 이지훈
제작 이준호, 손일순, 이진혁   **영업마케팅** 문세연, 박선경, 구혜지, 박다슬   **웹마케팅** 박달님, 이재윤, 이지수, 나혜연
영업관리 김명자, 정경화   **독자지원** 윤정아

디자인 퍼플페이퍼 정보라   **일러스트** 김건우, 이경희   **캐릭터** 젠틀멜로우
전산 편집 린 기획   **인쇄** 상지사   **제본** 상지사

▶ 이 책은 저작권법의 보호를 받는 저작물로 이 책에 실린 모든 내용, 디자인, 이미지, 편집 구성은
  허락 없이 복제하거나 다른 매체에 옮겨 실을 수 없습니다.
▶ 인공지능(AI) 기술 또는 시스템을 훈련하기 위해 이 책의 전체 내용은 물론 일부 문장도 사용하는 것을 금지합니다.
▶ 잘못된 책은 구입한 서점에서 바꿔 드립니다.

ISBN 979-11-6406-922-4 63700 (길벗스쿨 도서번호 10995)
정가 16,800원

독자의 1초를 아껴주는 정성 **길벗출판사** ··

길벗스쿨 국어학습서, 수학학습서, 영어학습서, 유아동 단행본
길벗 IT실용서, IT/일반 수험서, IT전문서, 어학단행본, 어학수험서, 경제실용서, 취미실용서, 건강실용서, 자녀교육서
더퀘스트 인문교양서, 비즈니스서

16쪽

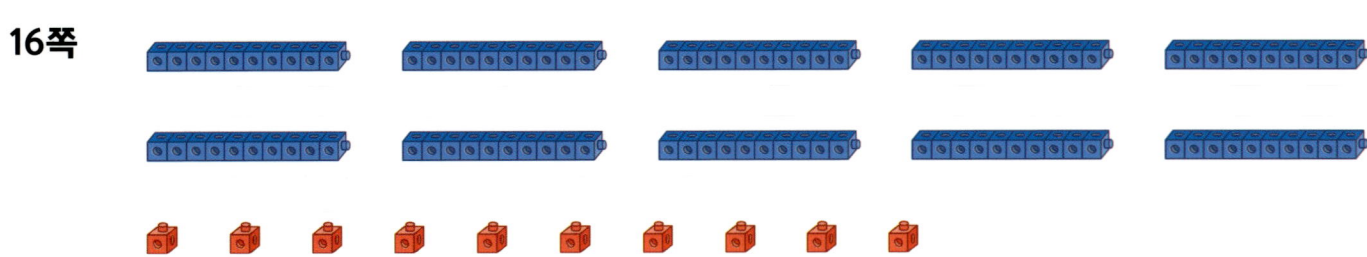

72쪽

141쪽

꼭공 완료!

앗!

본책의 정답과 풀이를 분실하셨나요?
길벗스쿨 홈페이지에 들어오시면 내려받으실 수 있습니다.
https://school.gilbut.co.kr/

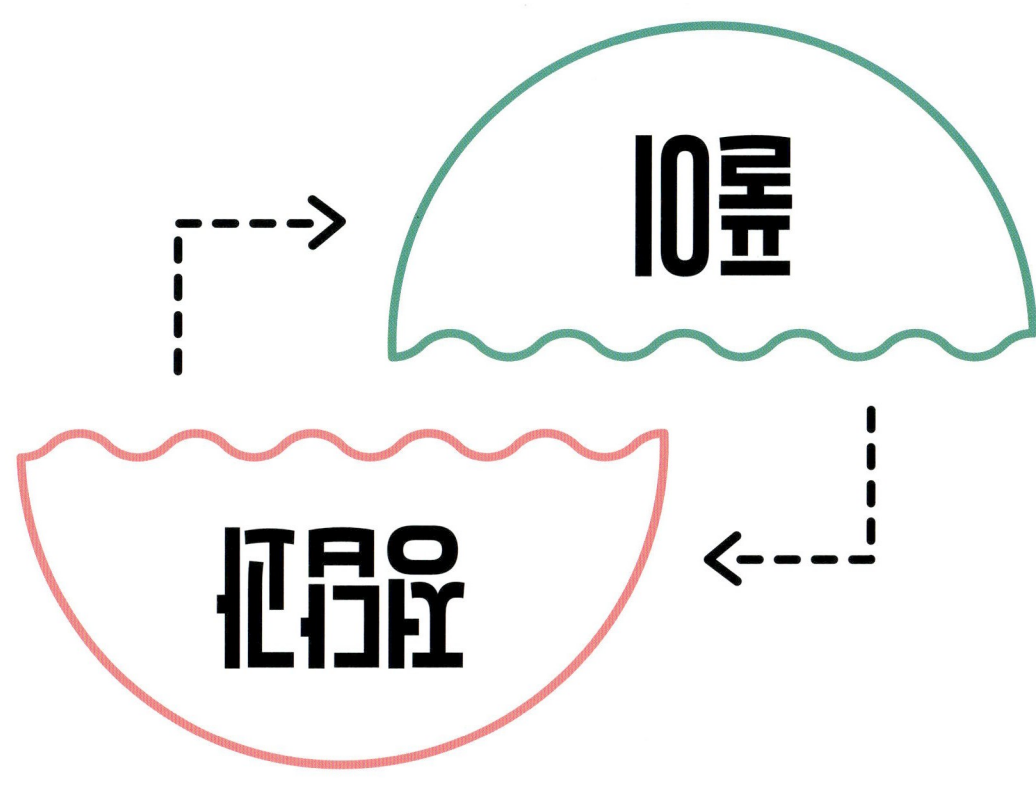

꼭공 정답 01~11

10~11쪽

12~13쪽
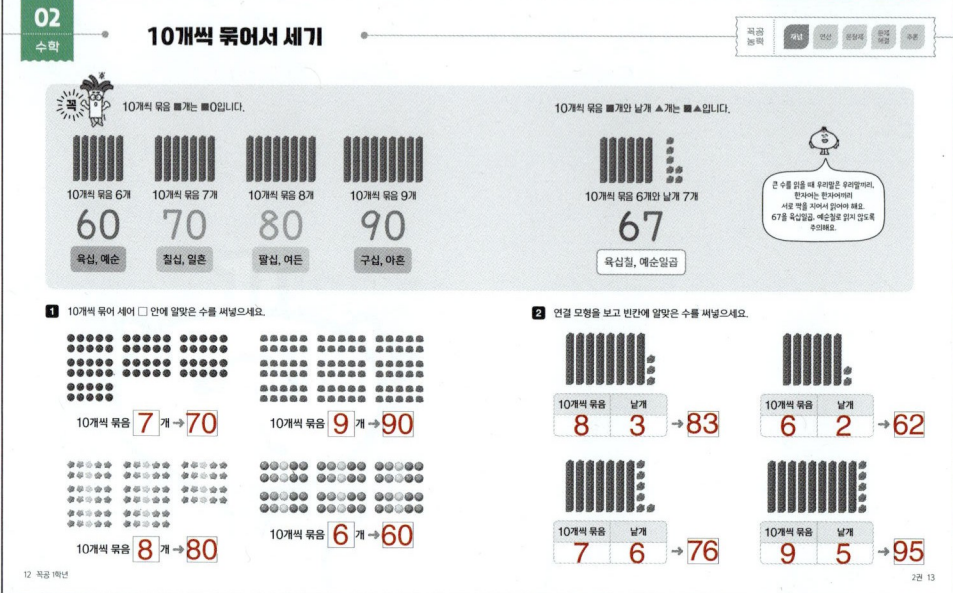

> **tip** 문장의 앞뒤를 내용에 어울리는 흉내 내는 말을 넣어 보고 문장을 읽어 보도록 지도해 주세요.

14~15쪽
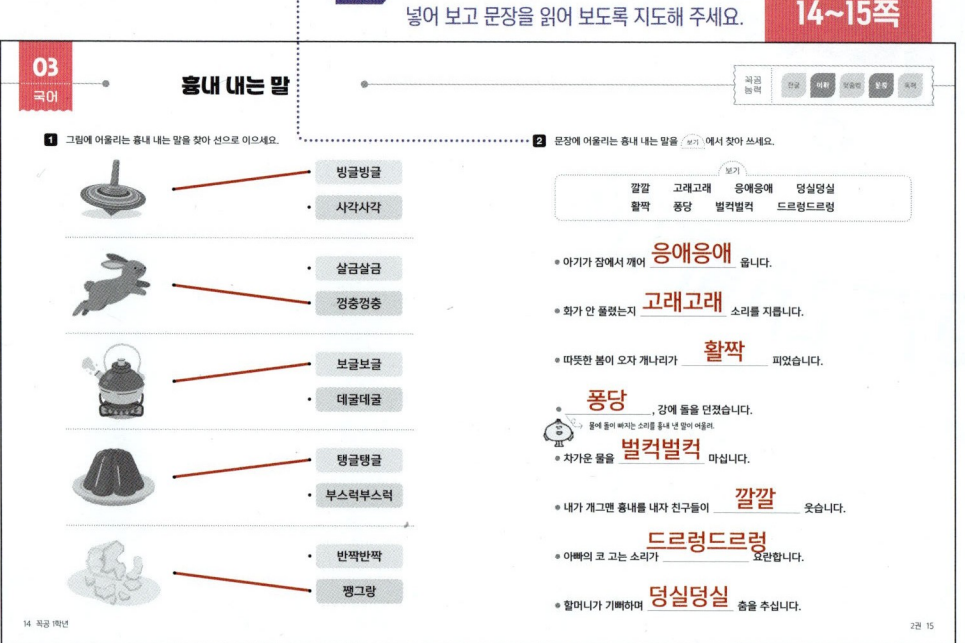

16~17쪽
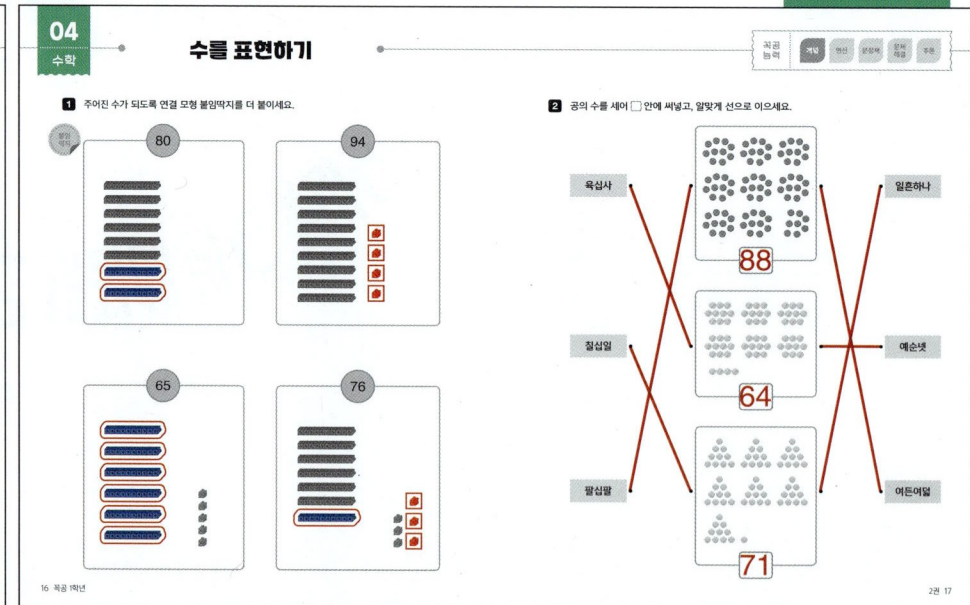

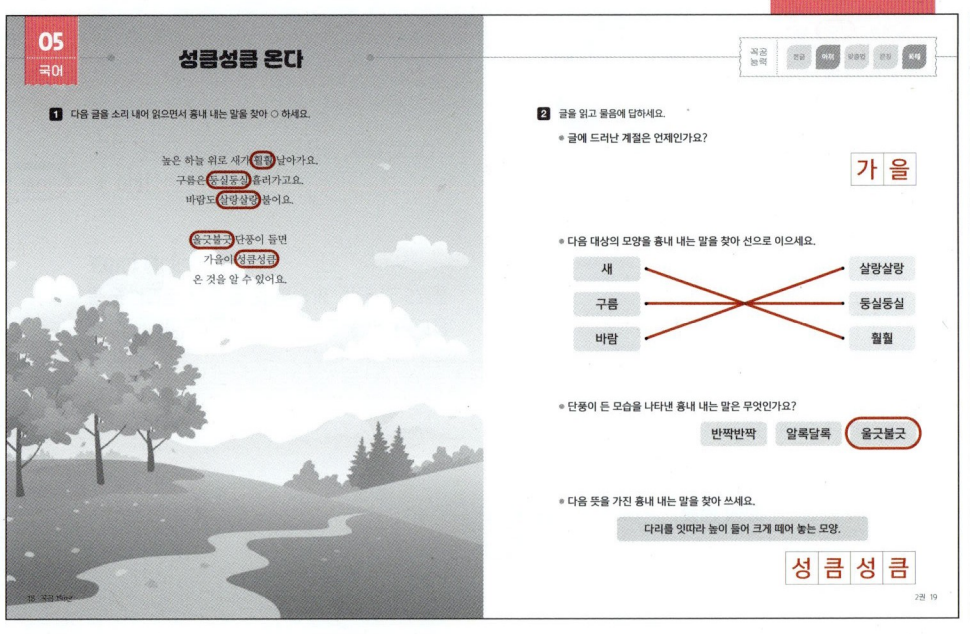

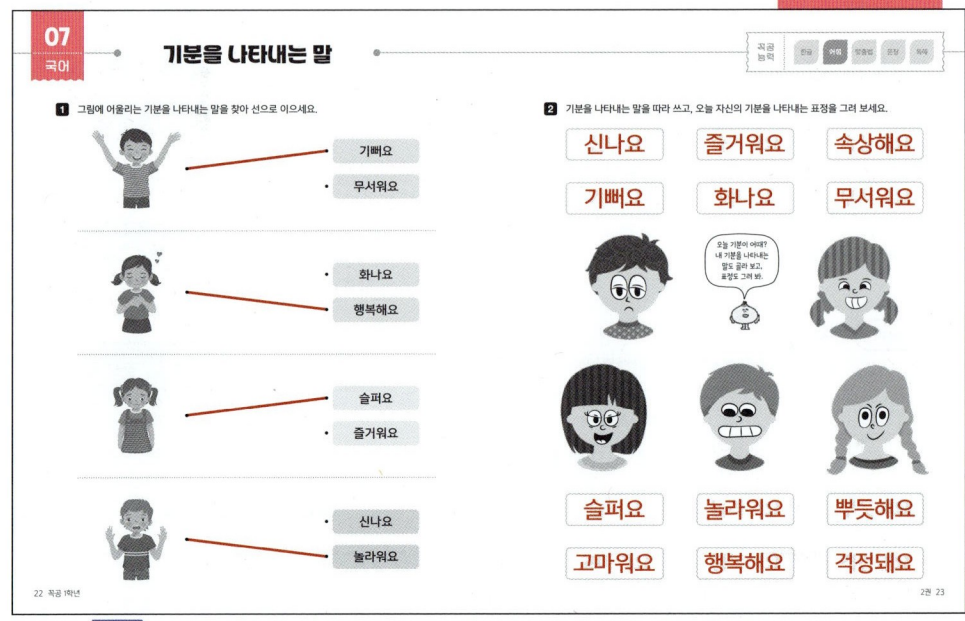
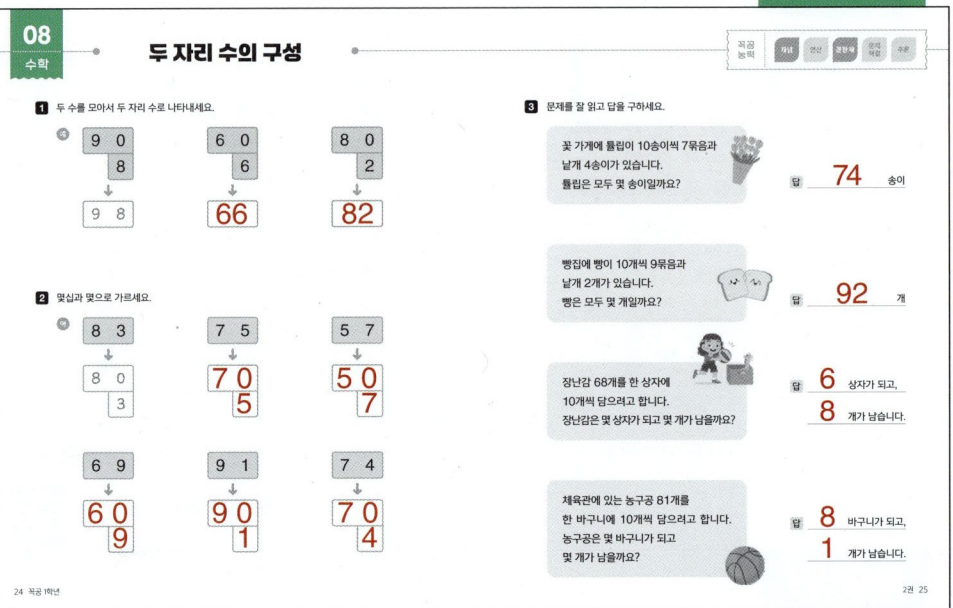

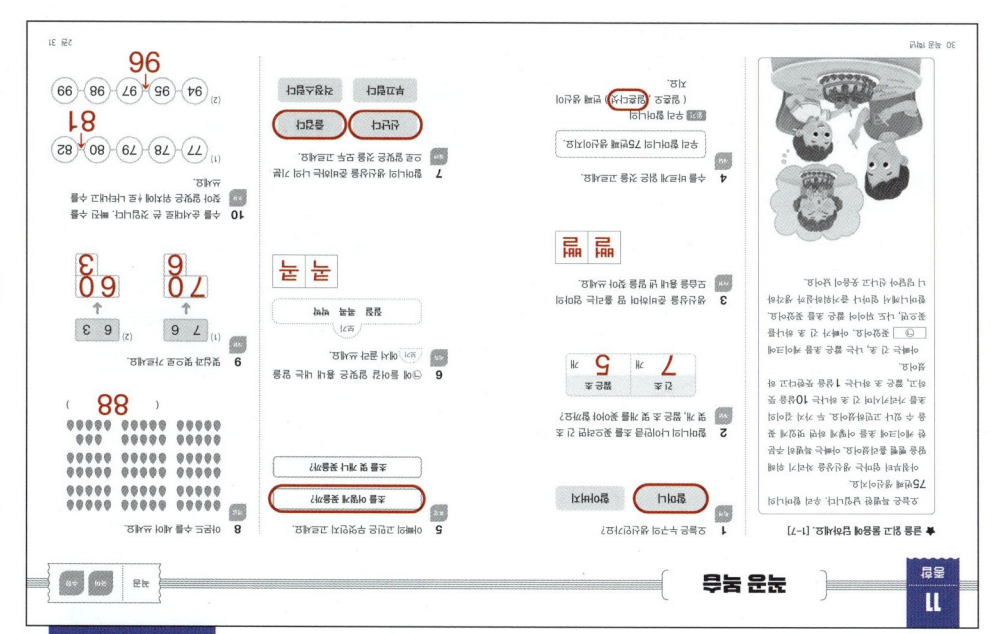
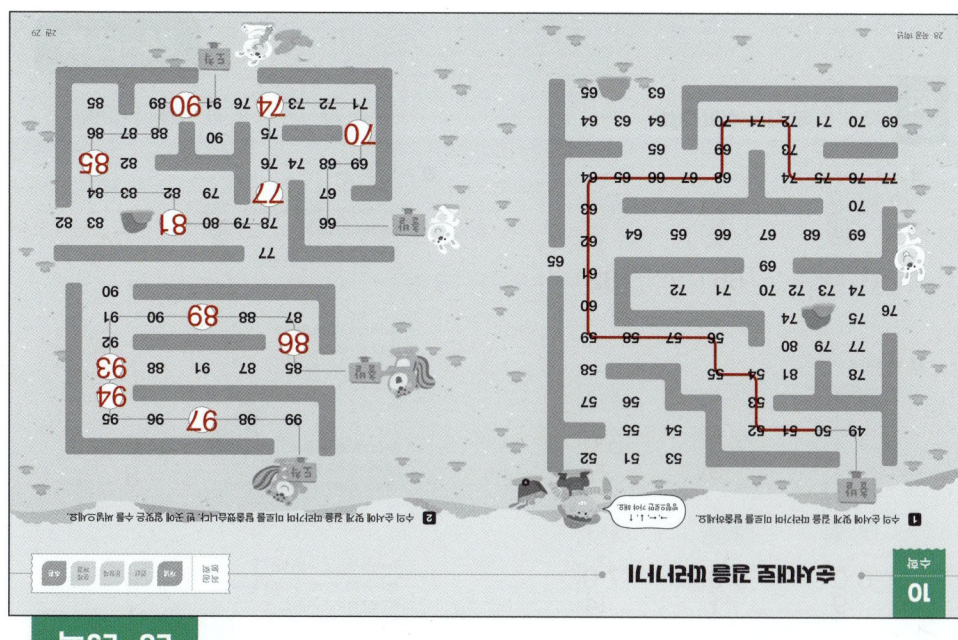

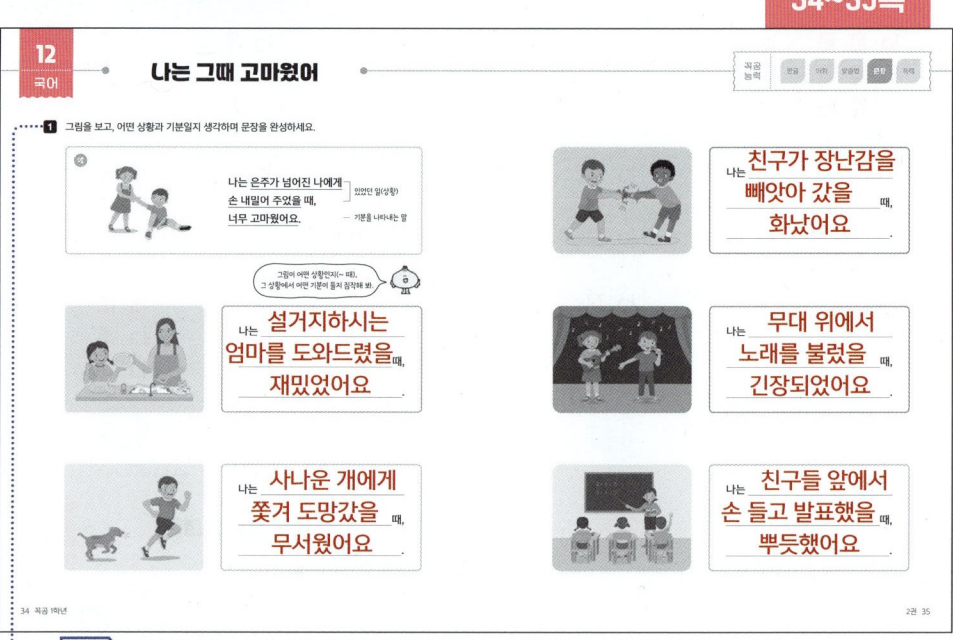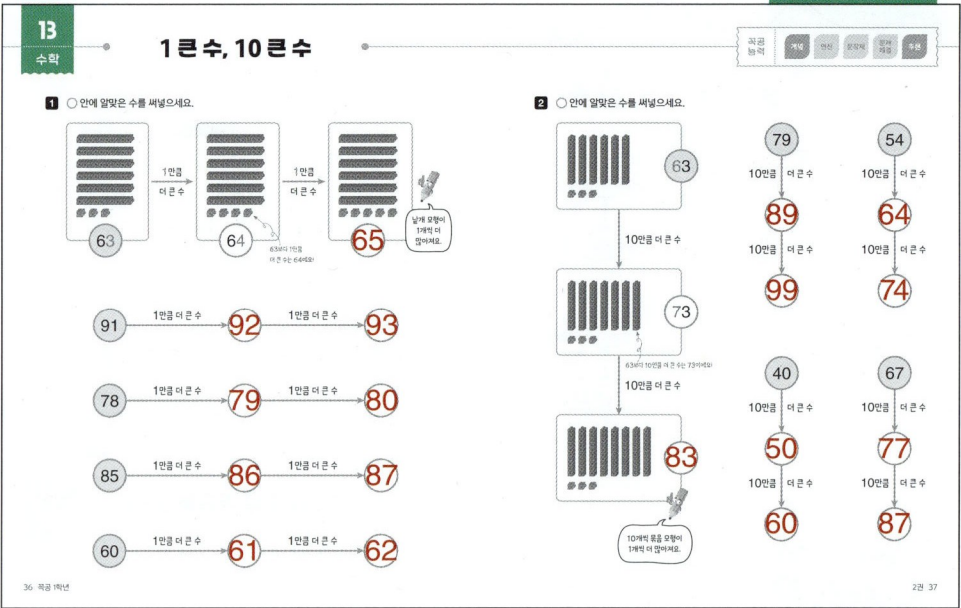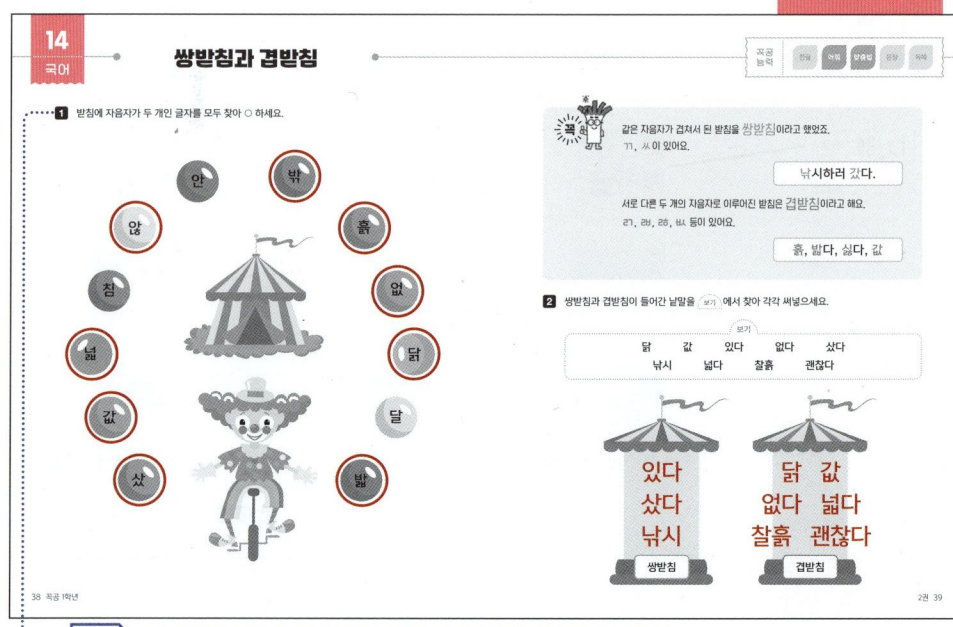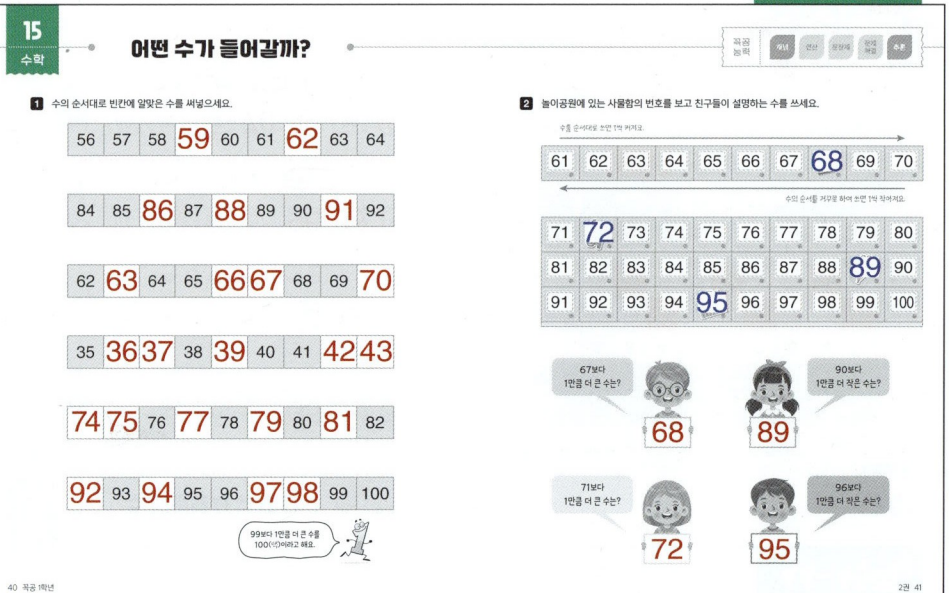

42~43쪽

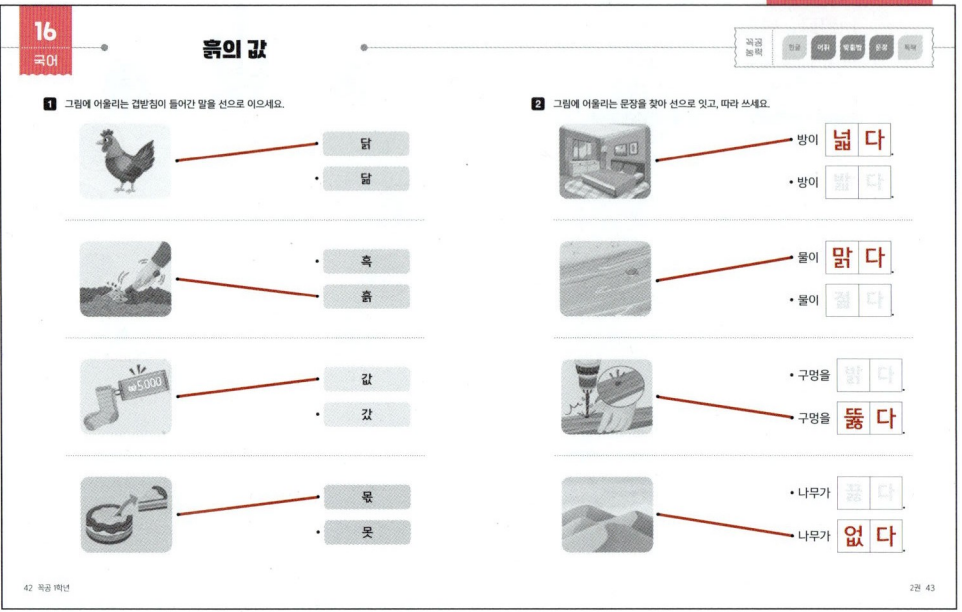

tip 겹받침이 들어간 낱말을 쓰면서 읽어 볼 수 있도록 지도해 주세요.
글자의 소리와 모양이 다름을 알고 쓰는 게 좋습니다.

44~45쪽

풀이 색칠한 수가 2 → 5 → 8 → 11이므로 3씩 커지는 규칙입니다.
색칠한 수가 41 → 43 → 45 → 47 → 49이므로 2씩 커지는 규칙입니다.
색칠한 수가 100 → 95 → 90 → 85이므로 5씩 작아지는 규칙입니다.

tip 수가 작아지는 것은 수를 거꾸로 센 것입니다.

46~47쪽

48~49쪽

풀이 첫 번째 □에는 7보다 작은 숫자가 들어가야 하므로 5가 적힌 길을 따라갑니다.
두 번째 □에는 8이거나 8보다 작은 숫자가 들어가야 하므로 3이 적힌 길을 따라갑니다.

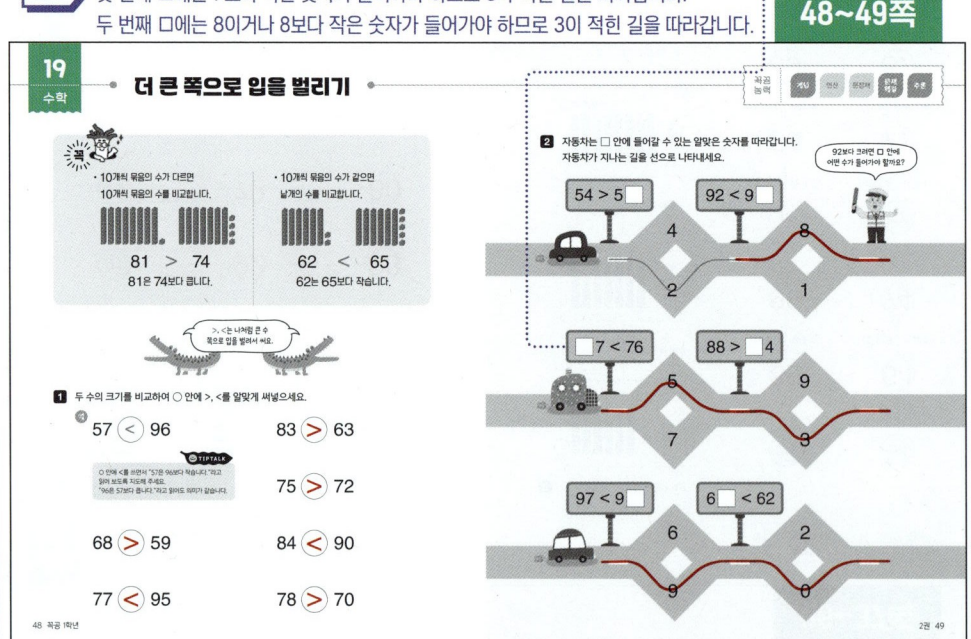

50~51쪽

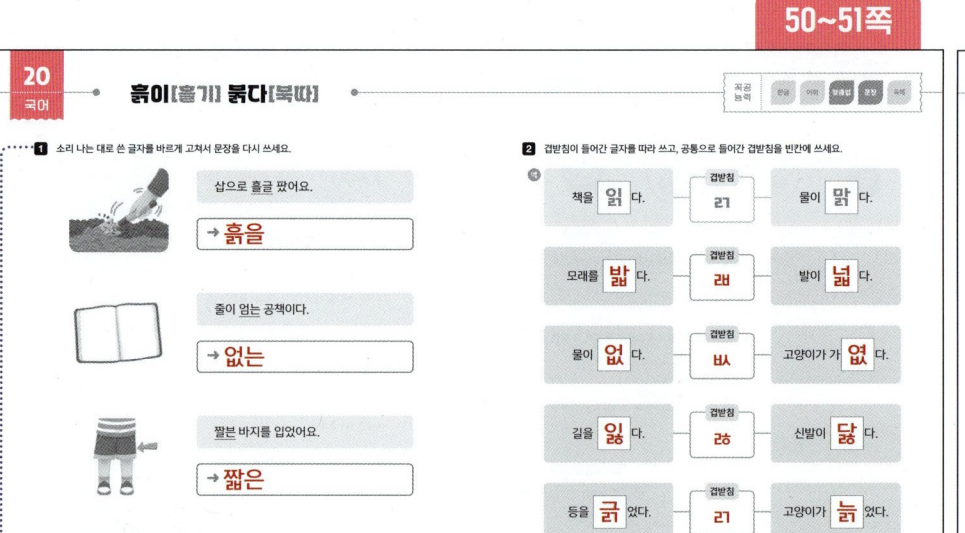

tip 겹받침이 들어간 낱말을 소리 나는 대로 쓰면 맞춤법에 맞지 않습니다.
문맥에 맞게 받침을 살려서 쓰는 연습을 할 수 있도록 지도해 주세요.

52~53쪽

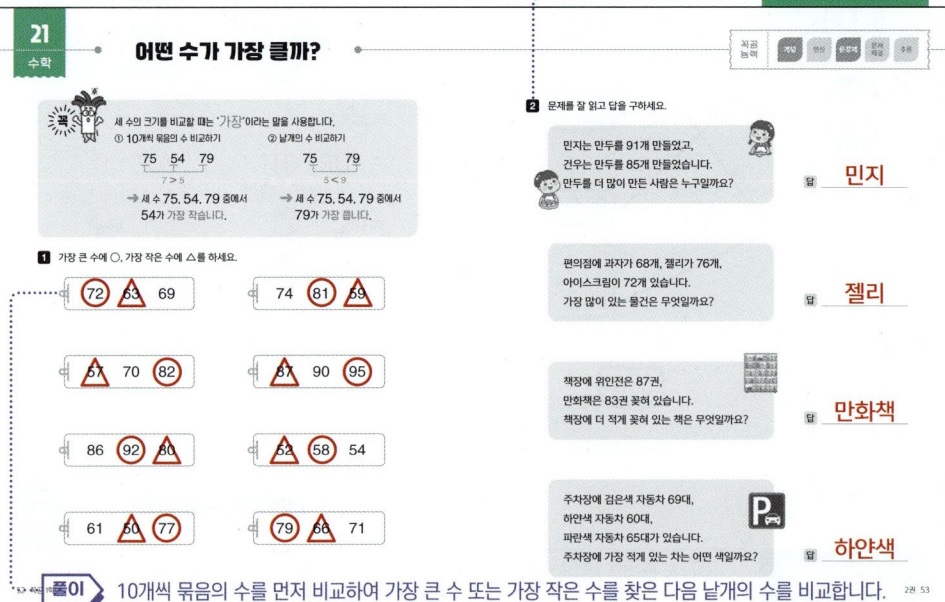

풀이 68, 76, 72 중에서 가장 큰 수는 76이므로 가장 많이 있는 물건은 젤리입니다.
69, 60, 65 중에서 가장 작은 수는 60이므로 가장 적게 있는 차는 하얀색 자동차입니다.

풀이 10개씩 묶음의 수를 먼저 비교하여 가장 큰 수 또는 가장 작은 수를 찾은 다음 낱개의 수를 비교합니다.
72, 63, 69 중에서 10개씩 묶음의 수를 비교하면 7 > 6이므로 72가 가장 큰 수입니다.
63과 69는 10개씩 묶음의 수가 같고 낱개의 수를 비교하면 3 < 9이므로 63이 가장 작은 수입니다.

54~55쪽

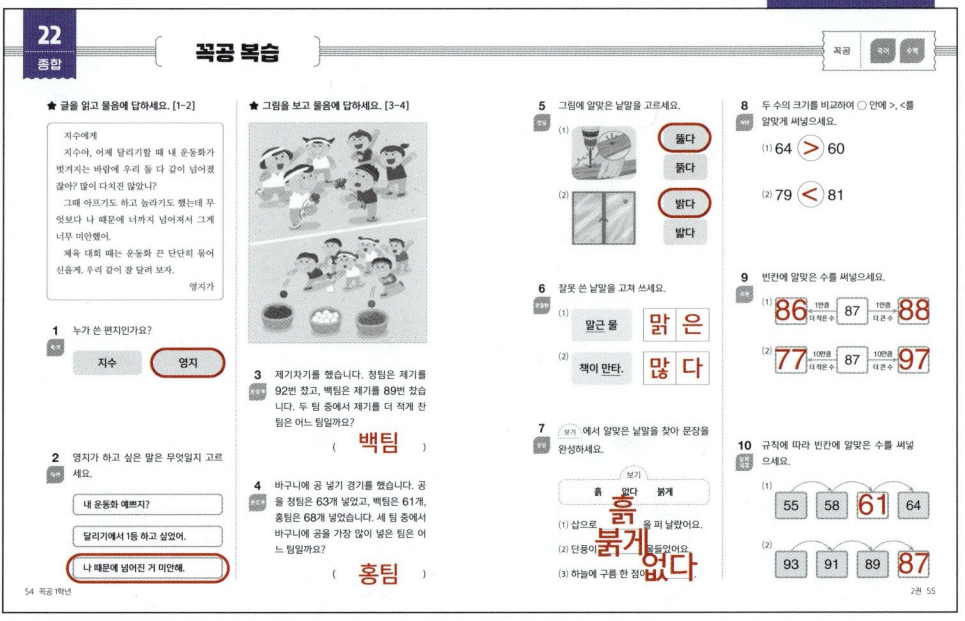

풀이 2. 독해
영지가 지수에게 쓴 편지입니다. 달리기할 때 영지의 운동화가 벗겨지는 바람에 지수까지 넘어지게 된 것을 사과하는 내용을 담고 있습니다.

풀이 6. 맞춤법
소리 나는 대로 쓴 겹받침 글자를 맞춤법에 맞게 고쳐 쓰는 문제입니다. (1)은 맑은[말근], (2)는 많다[만타]로 고쳐 써야 합니다.

풀이 9. 추론
(1) 87보다 1만큼 더 작은 수는 바로 앞의 수인 86이고, 87보다 1만큼 더 큰 수는 바로 뒤의 수인 88입니다.
(2) 87보다 10만큼 더 작은 수는 10개씩 묶음의 수가 1 작은 77이고, 87보다 10만큼 더 큰 수는 10개씩 묶음의 수가 1 큰 97입니다.

풀이 10. 문제해결
(1) 55부터 3씩 커지는 규칙입니다.
(2) 93부터 2씩 작아지는 규칙입니다.

꼭공 정답 23~33

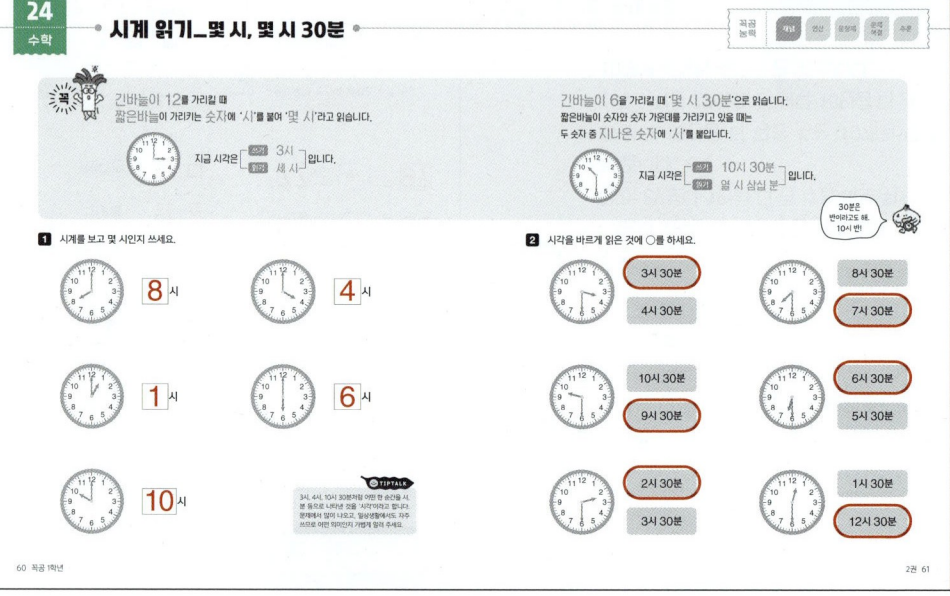

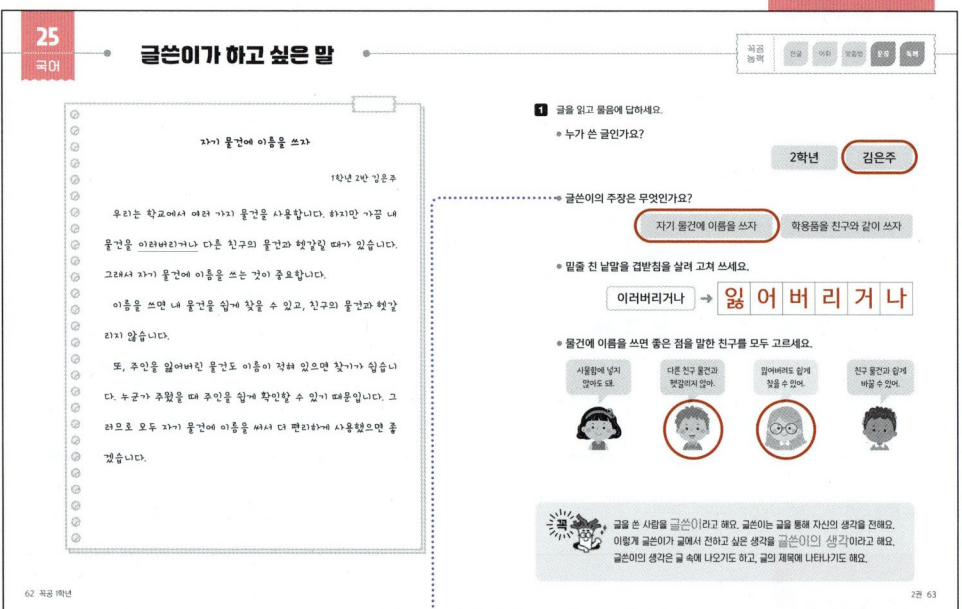

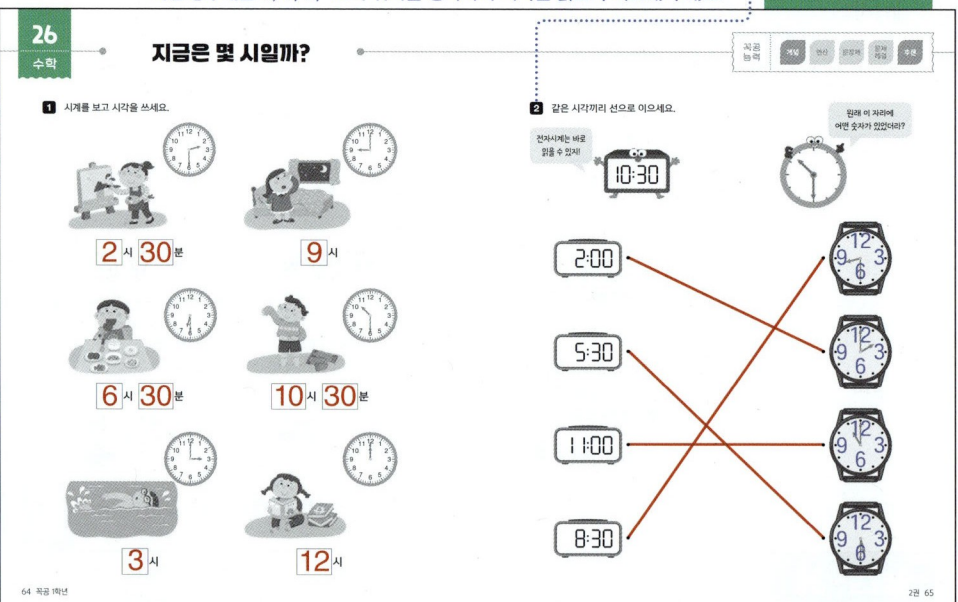

66~67쪽

27 국어 — 사계절

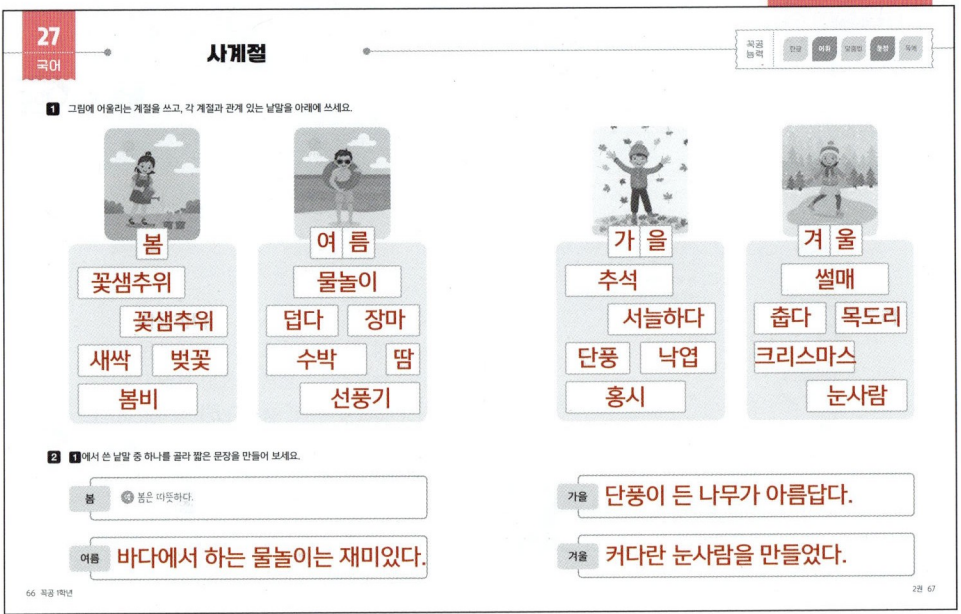

68~69쪽

28 수학 — 시곗바늘 그리기

> **풀이** 시계의 긴바늘이 반 바퀴씩 도는 규칙이므로 1시 → 1시 30분 → 2시 → 2시 30분 → 3시 → 3시 30분 → 4시 → 4시 30분 → 5시 → 5시 30분 → 6시의 순서로 미로를 빠져나갑니다.

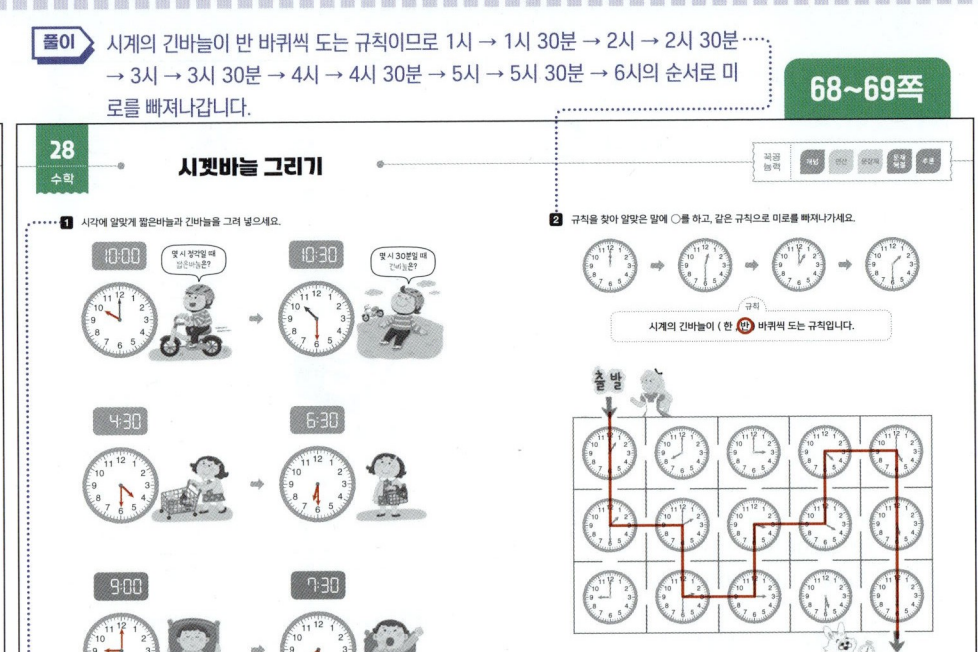

> **풀이** 몇 시를 시계에 나타낼 때 긴바늘은 항상 12를 가리키도록 그리고, 몇 시 30분을 시계에 나타낼 때 긴바늘은 항상 6을 가리키도록 그립니다.

70~71쪽

29 국어 — 그림일기

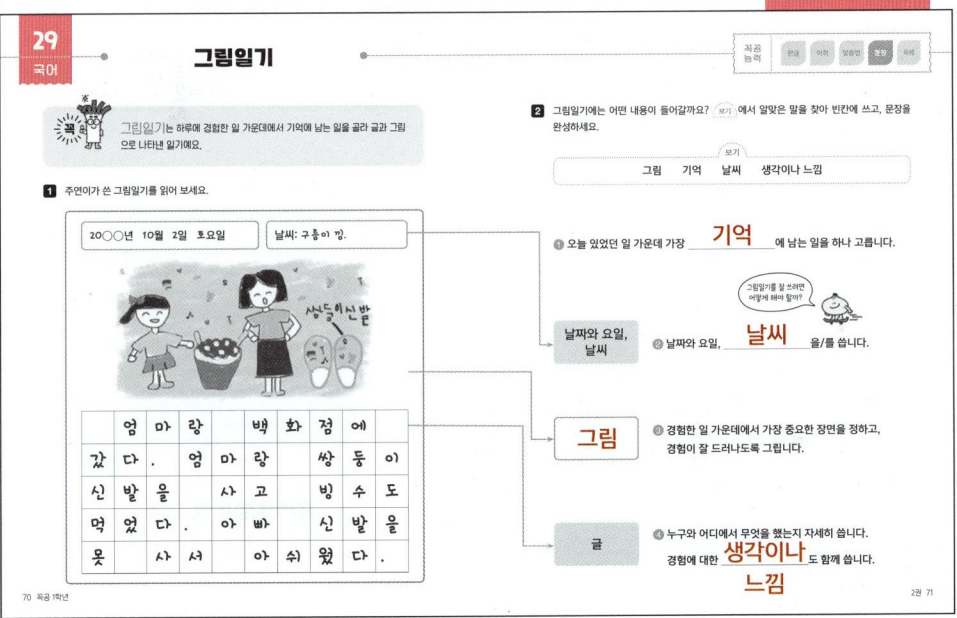

72~73쪽

30 수학 — 일상생활 속 시계

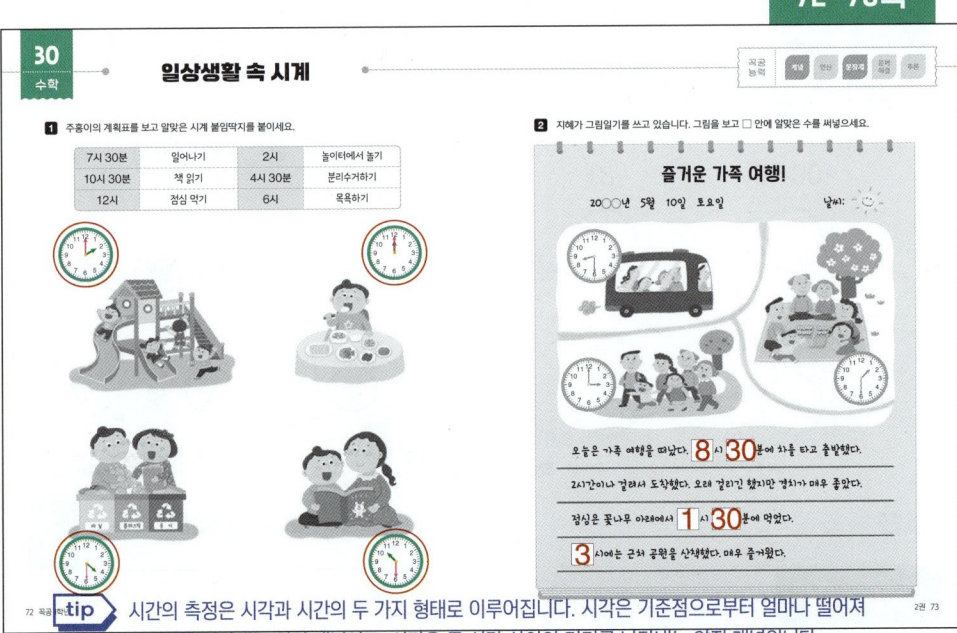

> **tip** 시간의 측정은 시각과 시간의 두 가지 형태로 이루어집니다. 시각은 기준점으로부터 얼마나 떨어져 있는지를 나타내는 위치 개념이고, 시간은 두 시각 사이의 거리를 나타내는 양적 개념입니다. 아이들에게 시각과 시간의 개념을 구분하는 일은 어려운 인식 활동입니다. 일상생활에서 자연스럽게 인식할 수 있도록 지도해 주세요.

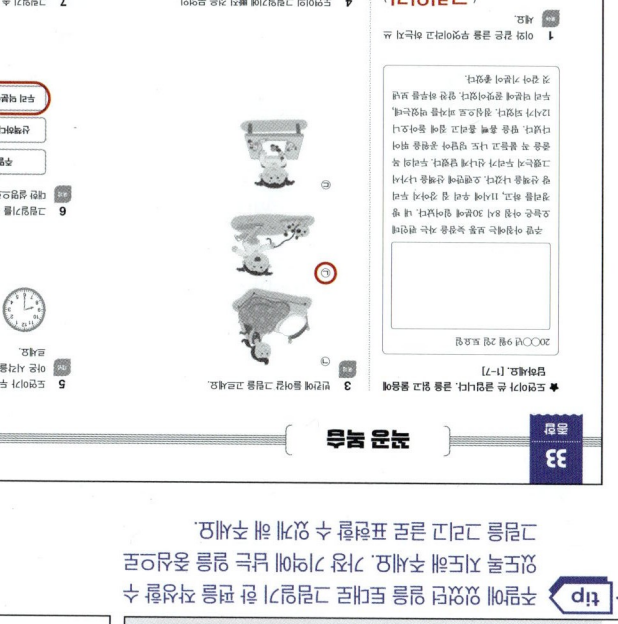
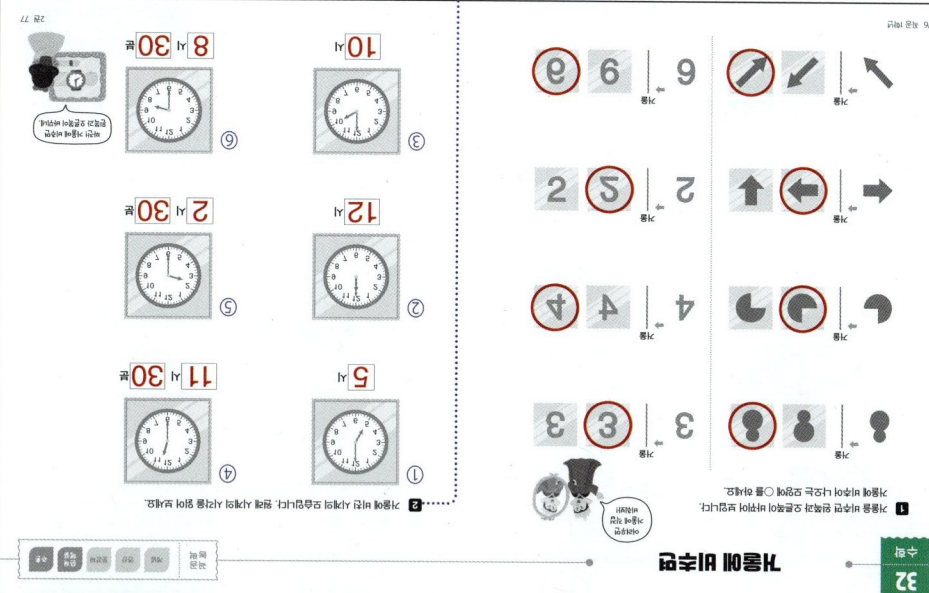
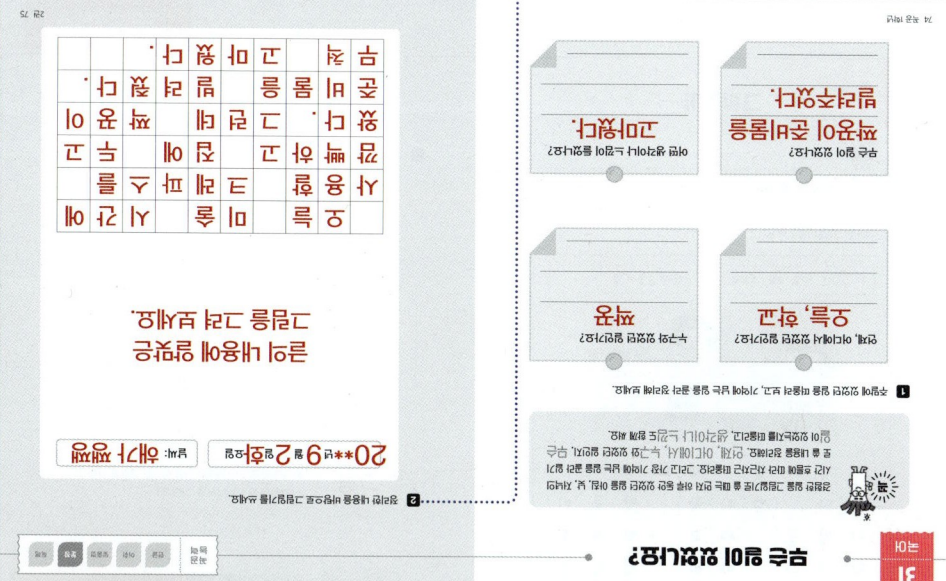

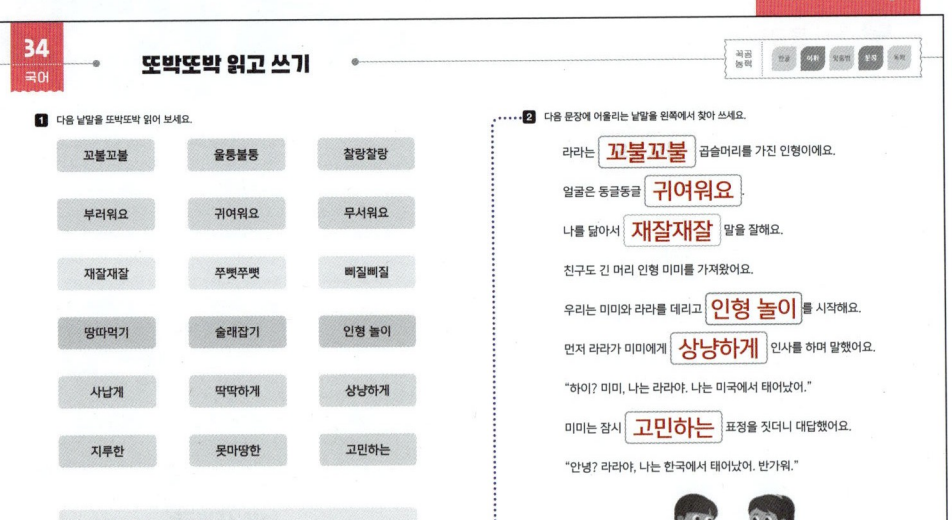
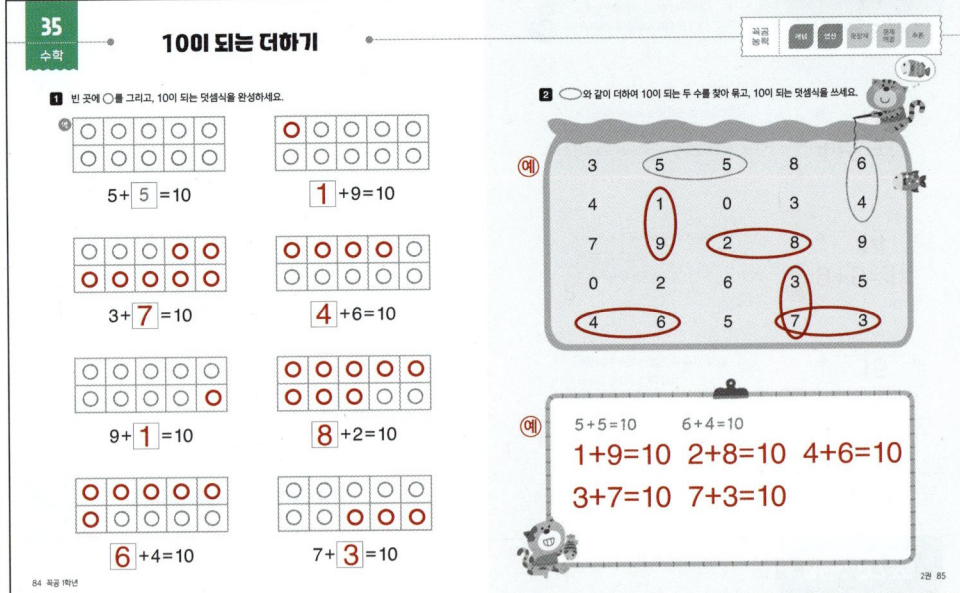
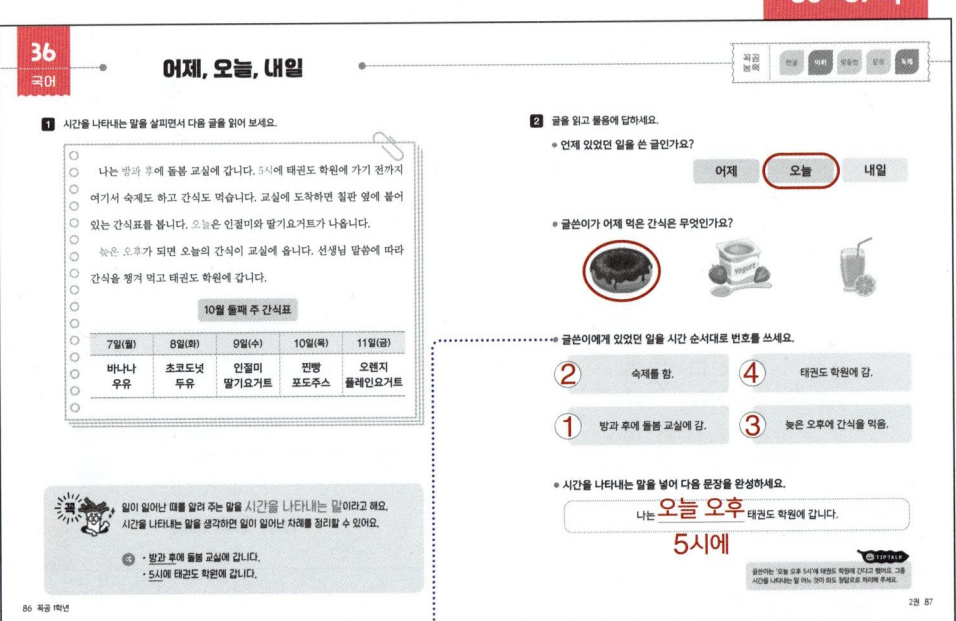
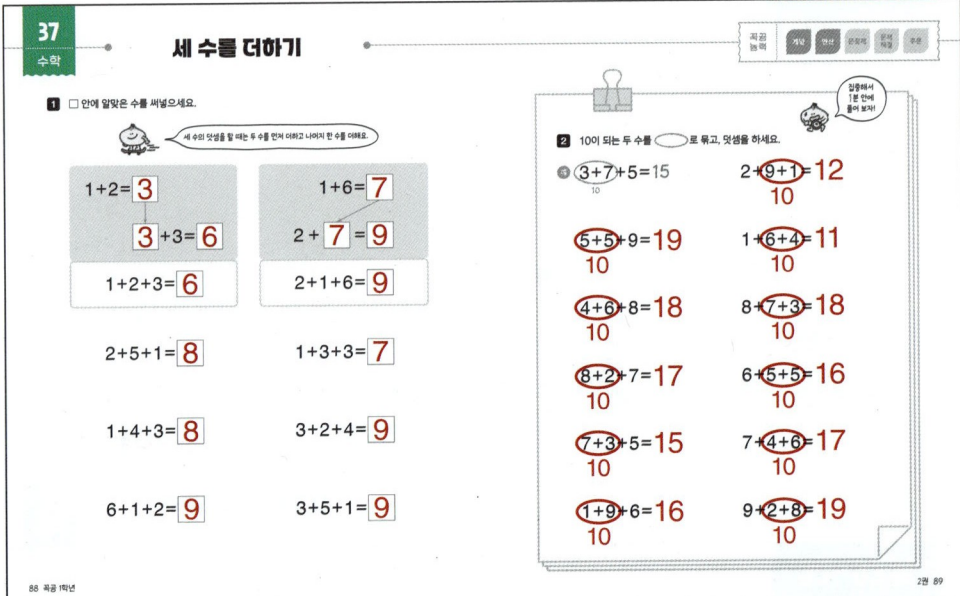

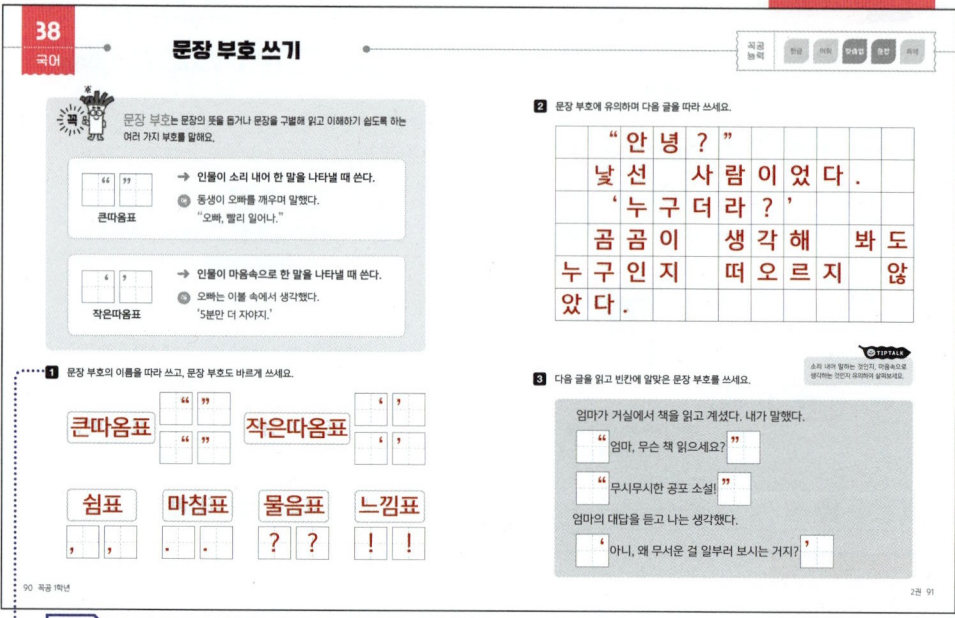
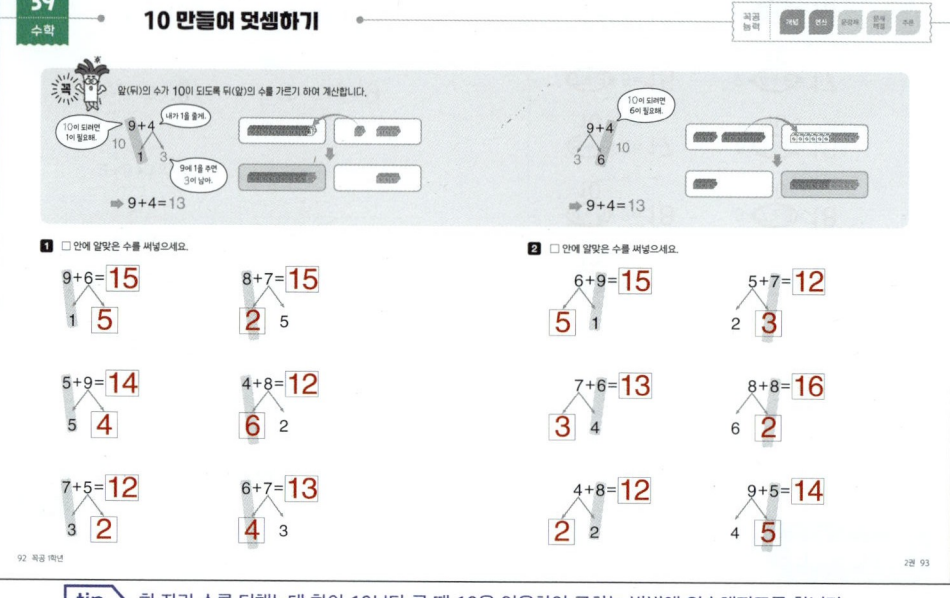

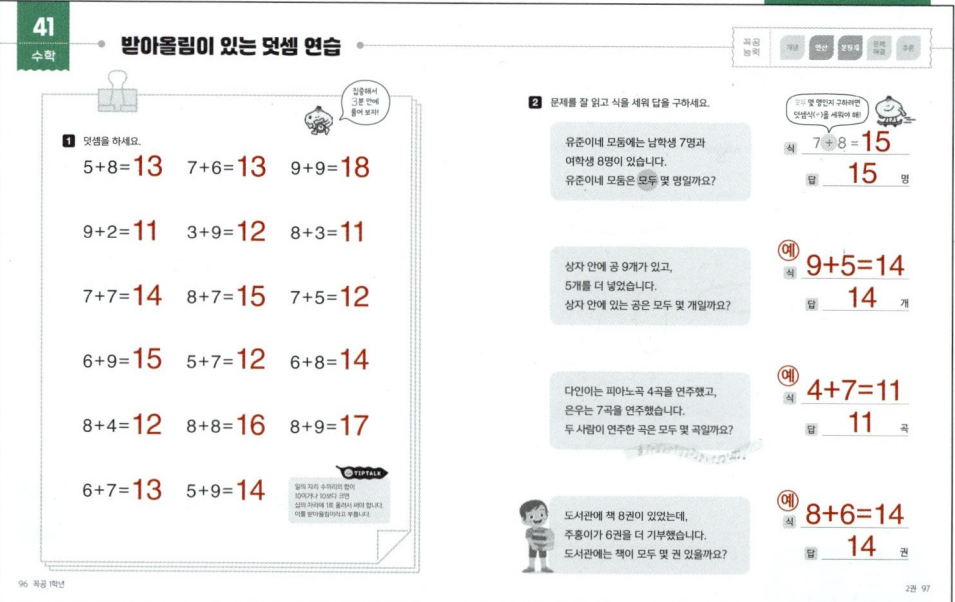

98~99쪽

100~101쪽

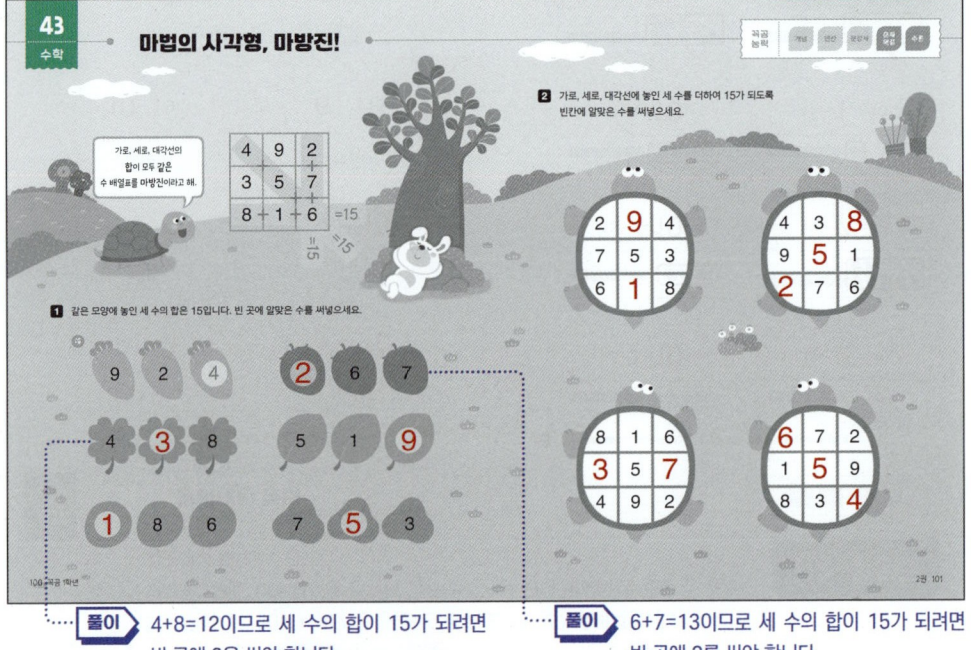

풀이 4+8=12이므로 세 수의 합이 15가 되려면 빈 곳에 3을 써야 합니다.

풀이 6+7=13이므로 세 수의 합이 15가 되려면 빈 곳에 2를 써야 합니다.

102~103쪽

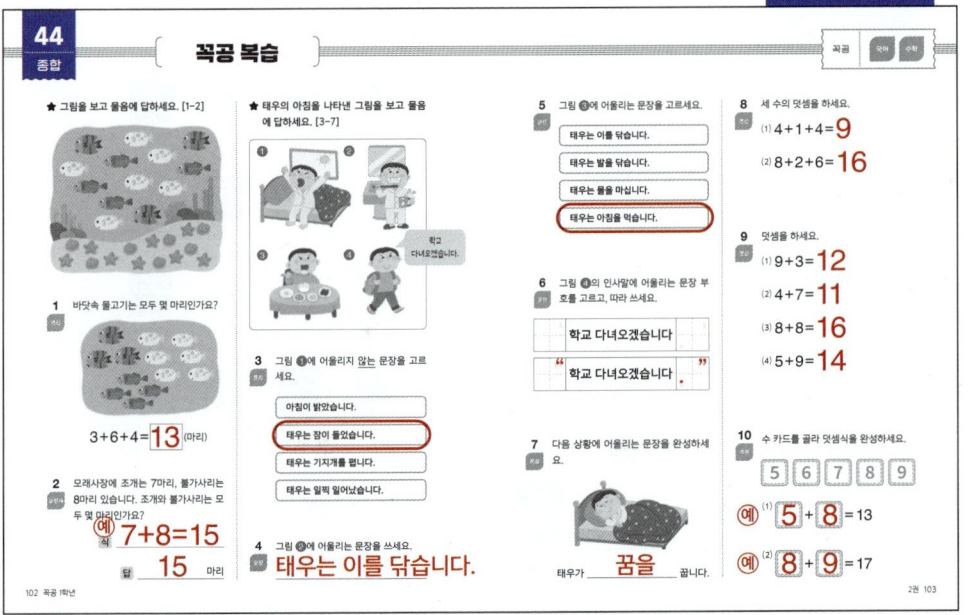

풀이 3. 문장

그림의 상황을 보고 어울리지 않는 문장을 고르는 문제입니다. 그림 ❶은 태우가 아침에 일어나 기지개를 켜고 있는 상황이므로 '태우는 잠이 들었습니다.'는 이 그림과 맞지 않습니다.

풀이 7. 문장

태우가 잠을 자고 있는 모습을 나타낸 그림이므로 '무엇을'에 해당하는 낱말은 '꿉니다'와 어울리는 '꿈을'을 써야 알맞습니다.

풀이 8. 연산

(1) 4+1+4=5+4=9
(2) 8+2+6=10+6=16

풀이 10. 추론

(1) 5와 8의 합이 13이므로
5+8=13 또는 8+5=13
6과 7의 합이 13이므로
6+7=13 또는 7+6=13
(2) 8과 9의 합이 17이므로
8+9=17 또는 9+8=17

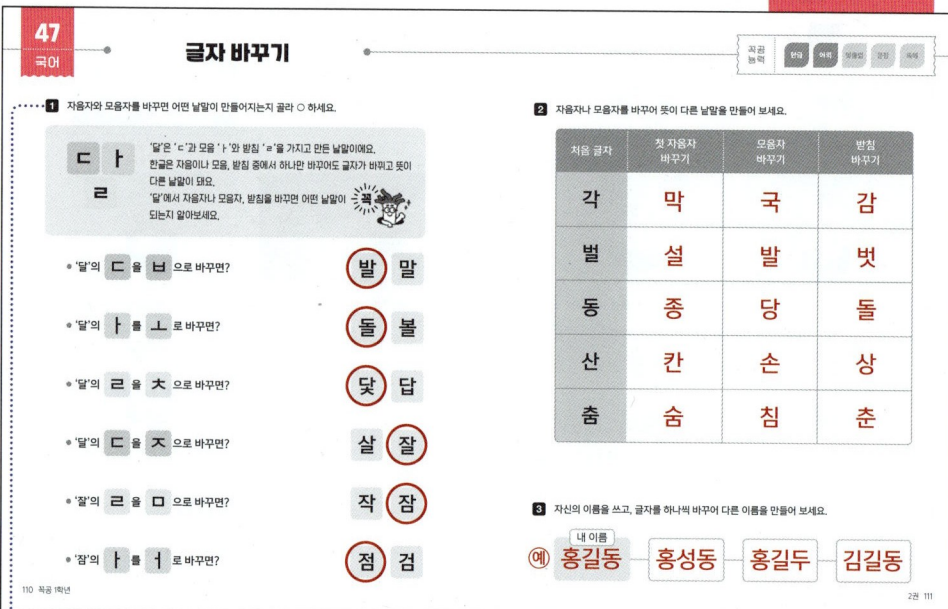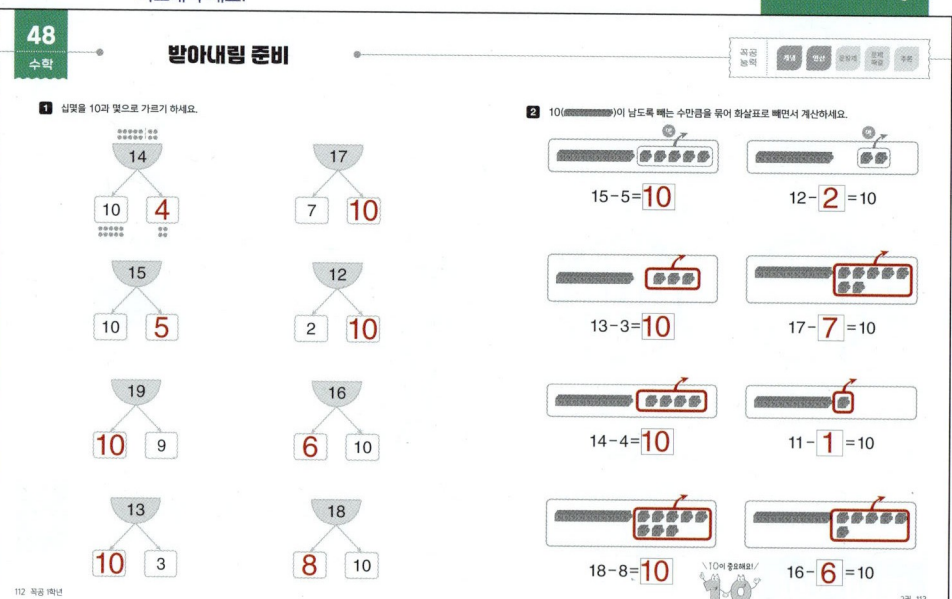

114~115쪽

49 국어 — 책을 읽고서

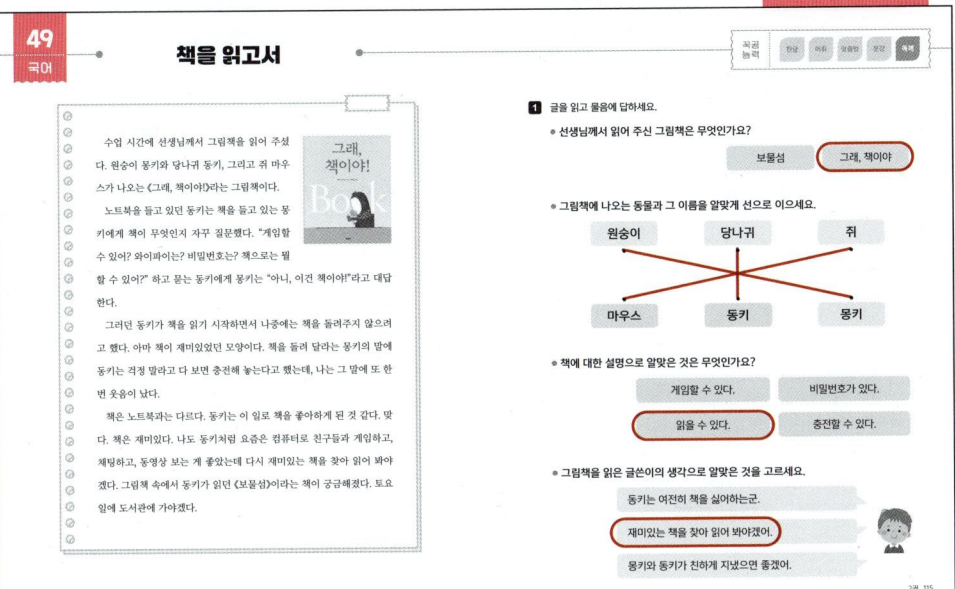

116~117쪽

50 수학 — 10 만들어 뺄셈하기

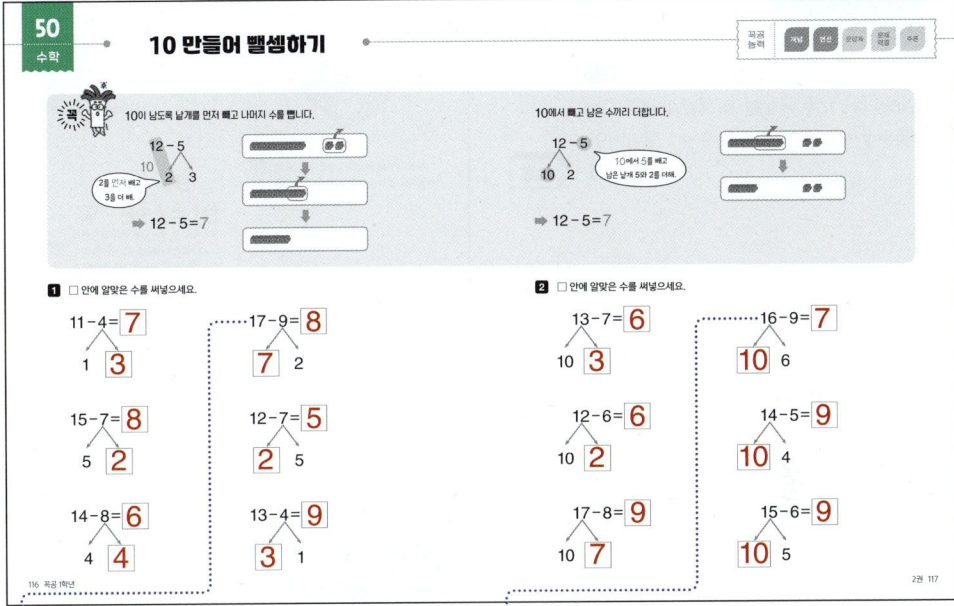

풀이 9를 7과 2로 가르기 하여 17에서 7을 먼저 빼면 10이므로 10에서 2를 더 뺍니다.

풀이 16을 10과 6으로 가르기 하여 10에서 9를 빼면 1이므로 16에서 남은 6과 1을 더합니다.

118~119쪽

51 국어 — 책 한 권, 나무 한 그루

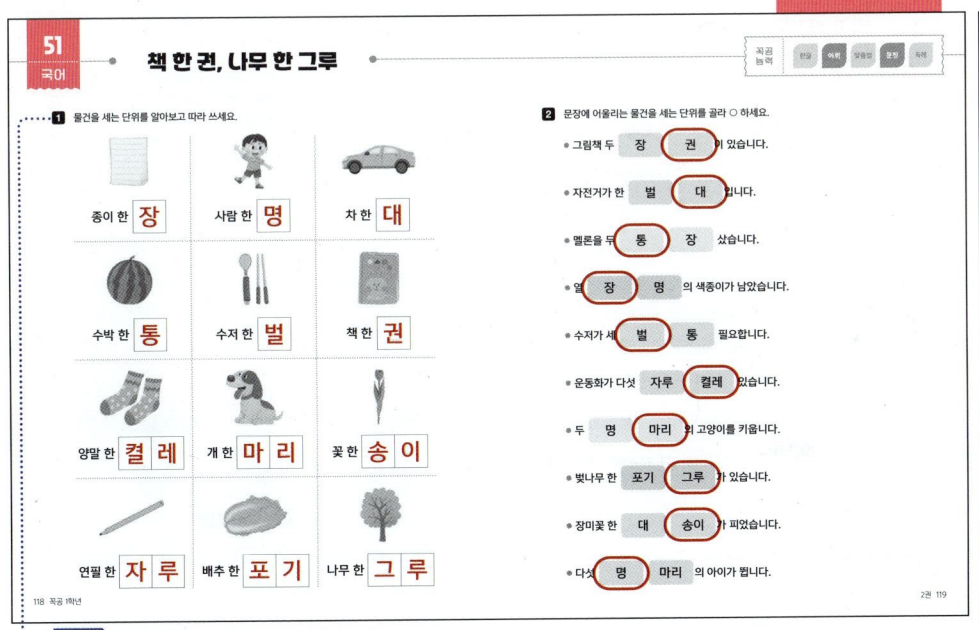

tip 물건을 세는 단위를 공부해 봅시다.
문장의 앞뒤 내용을 살피면서 물건을 세는 단위를 고르세요.

120~121쪽

52 수학 — 받아내림이 있는 뺄셈 연습

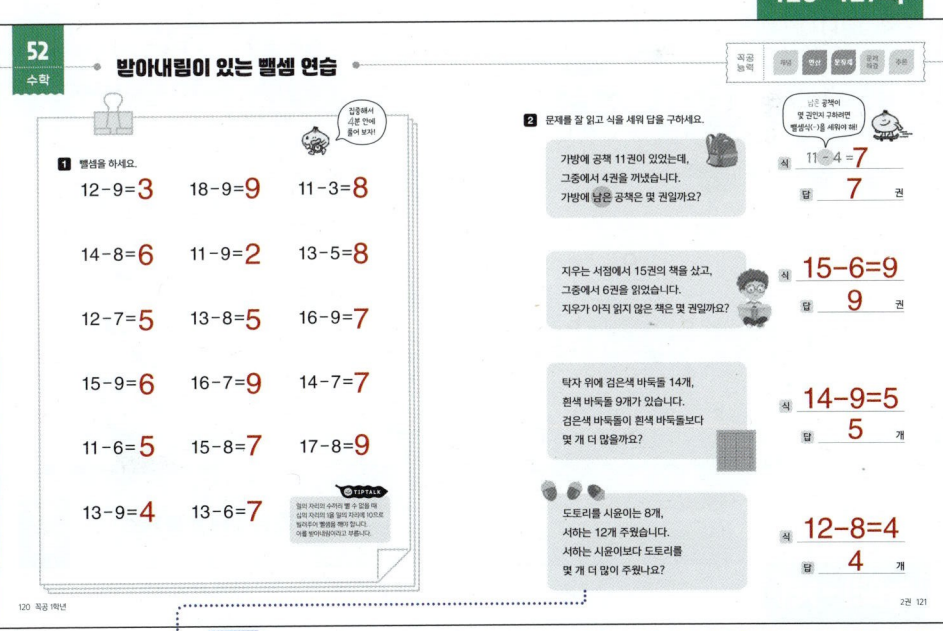

tip 문제 상황을 이해하지 않고 (앞의 수)−(뒤의 수)로 식을 세우지 않도록 주의해야 합니다.

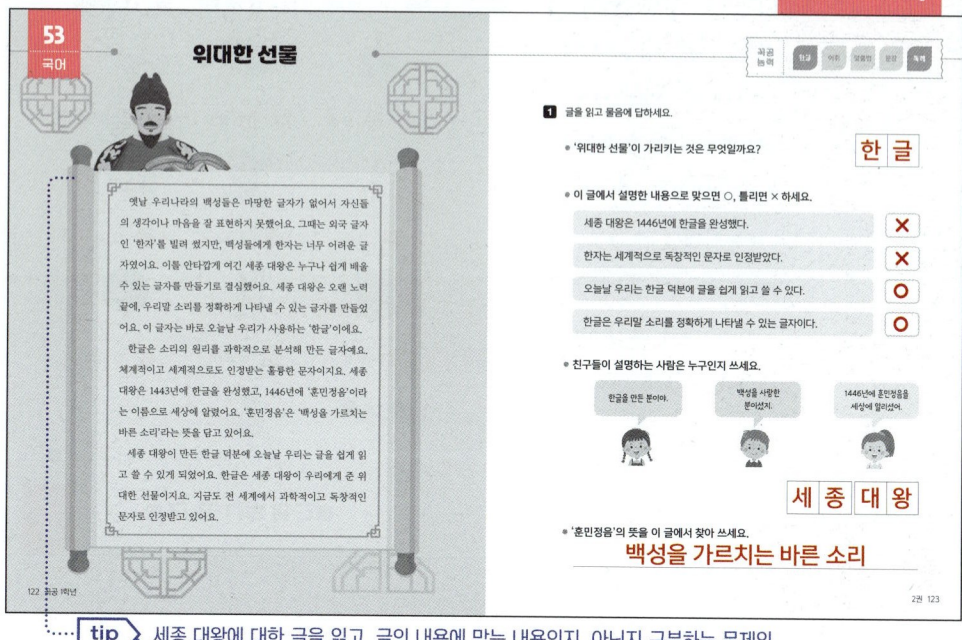

tip 세종 대왕에 대한 글을 읽고, 글의 내용에 맞는 내용인지, 아닌지 구분하는 문제입니다. 독해에서 사실적 이해를 묻는 문제는 1학년에게 낯설고 어려울 수 있습니다. 글을 차근차근 읽고, 내용을 확인할 수 있게 해 주세요.

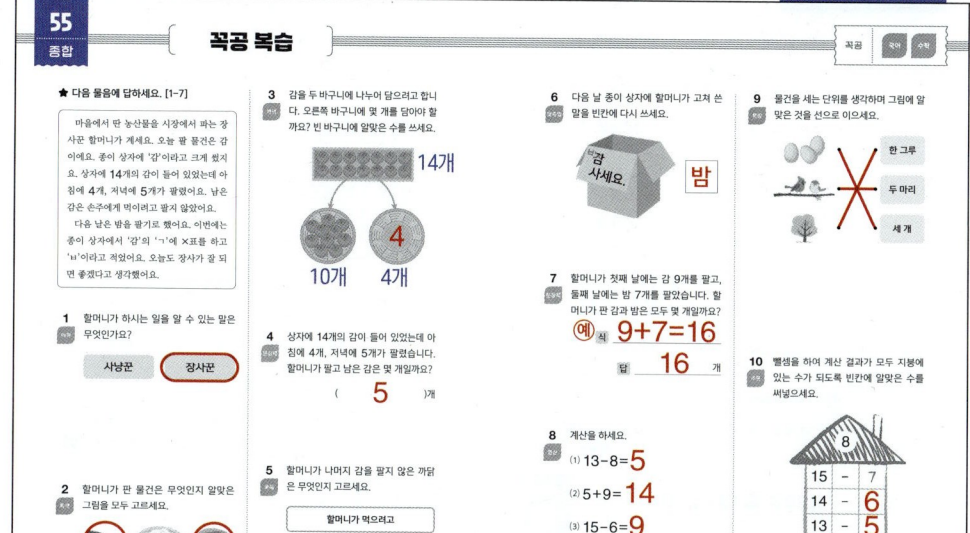

풀이 › 4. 문장제
(아침에 팔고 남은 감의 수)=14-4=10(개),
(저녁에 팔고 남은 감의 수)
=10-5=5(개)

풀이 › 5. 독해
할머니는 장사하고 남은 감을 손주에게 먹이고 싶어서 팔지 않으셨습니다.

풀이 › 6. 맞춤법
'감'의 'ㄱ'을 'ㅂ'으로 바꾸면 '밤'이 됩니다.

풀이 › 10. 추론
15-7=8, 14-6=8, 13-5=8, 12-4=8로 계산 결과가 같을 때, 빼지는 수가 1씩 작아지면 빼는 수도 1씩 작아집니다.

꼭공 정답 56~66

130~131쪽

132~133쪽
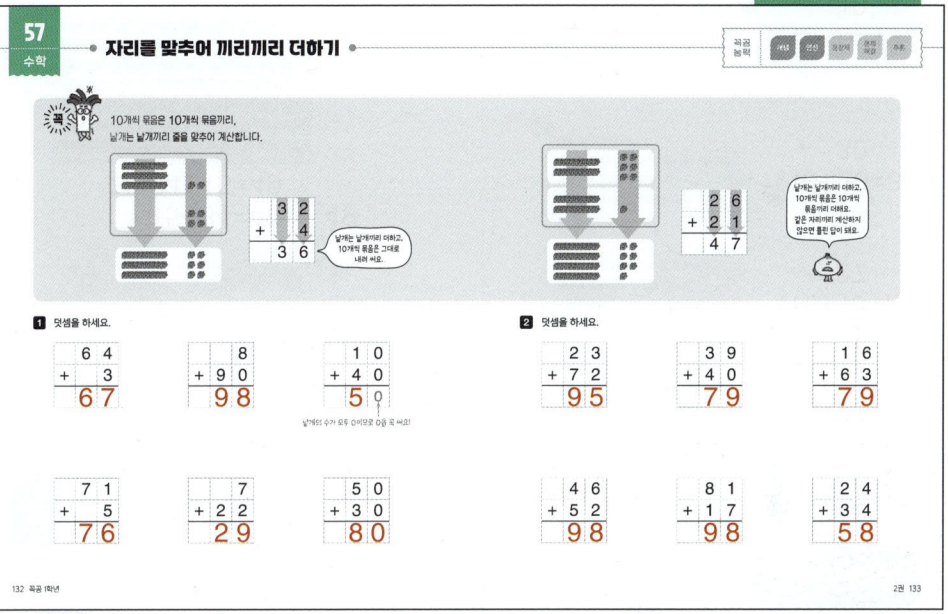

tip 받아올림이 없는 두 자리 수의 덧셈에서는 10개씩 묶음의 수부터 계산해도 계산 과정이나 결과가 달라지지 않습니다. 그렇지만 앞으로 받아올림이 있는 두 자리 수의 덧셈을 배우게 될 때를 생각하여 낱개의 수부터 계산하는 연습을 하도록 지도해 주세요.

134~135쪽
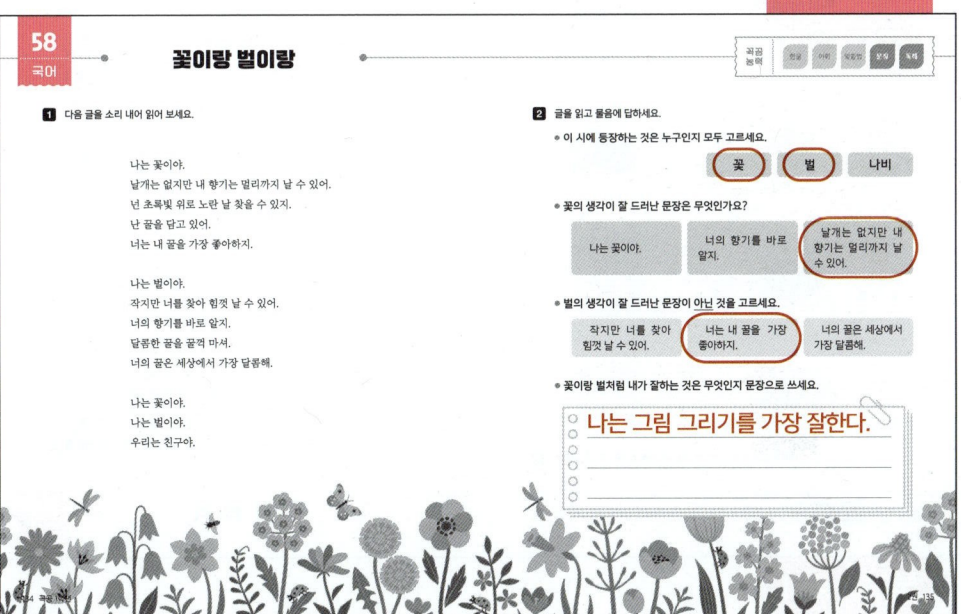

136~137쪽
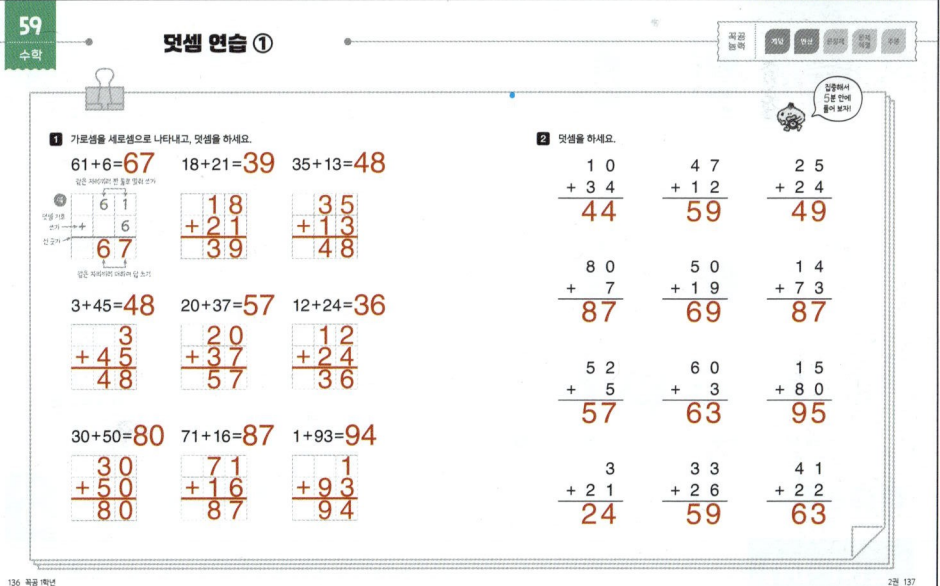

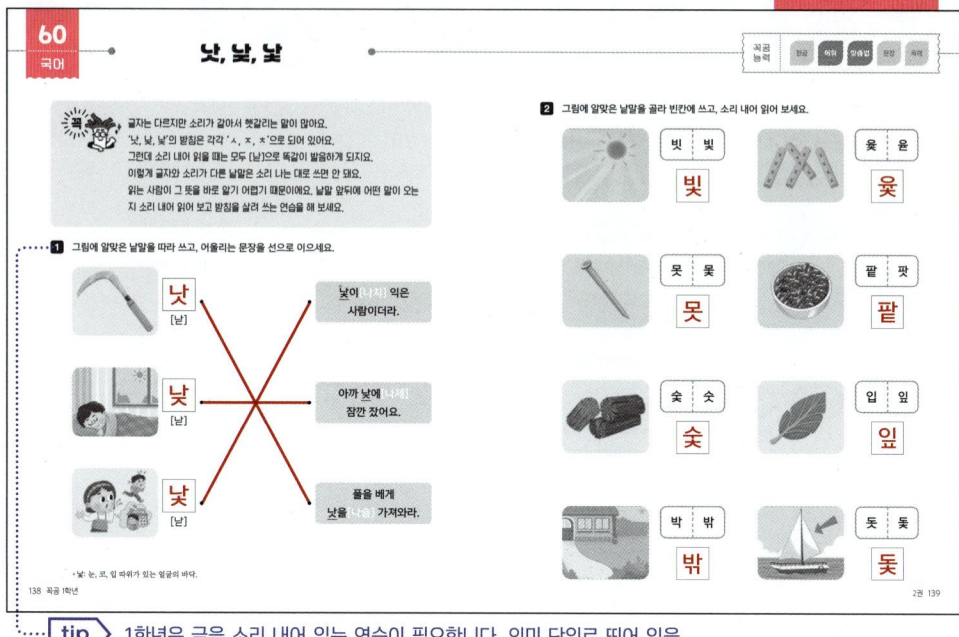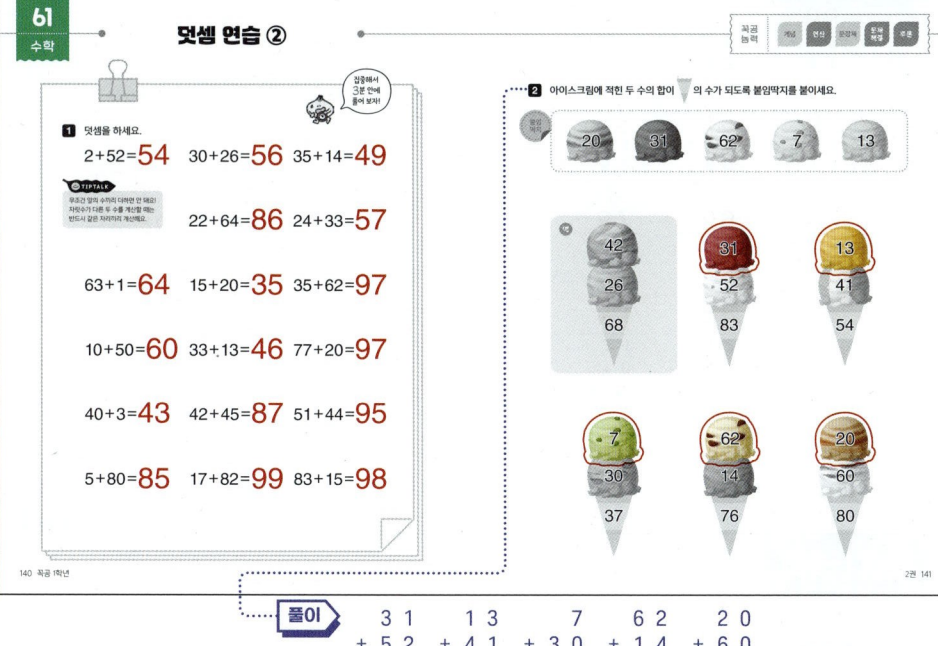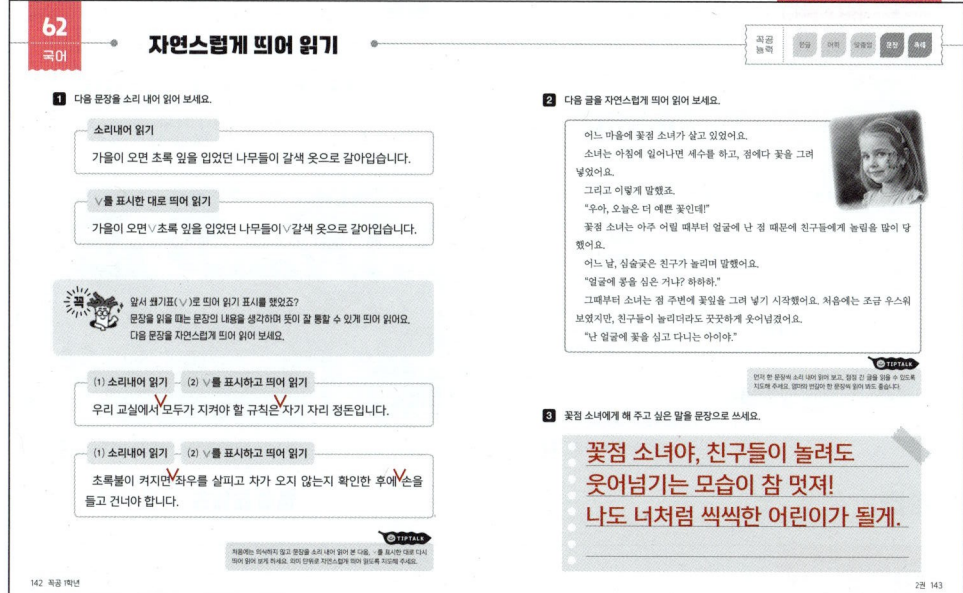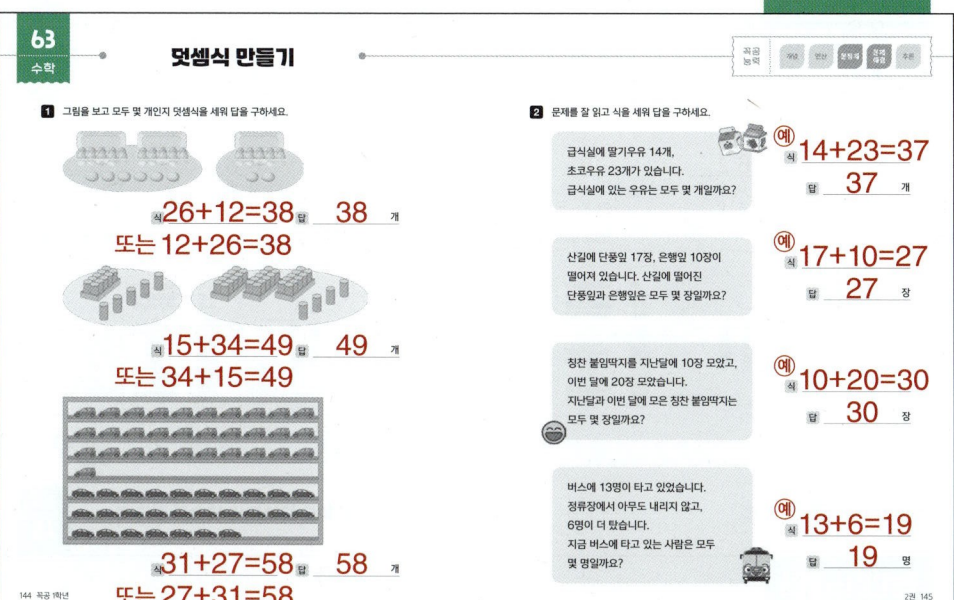

146~147쪽

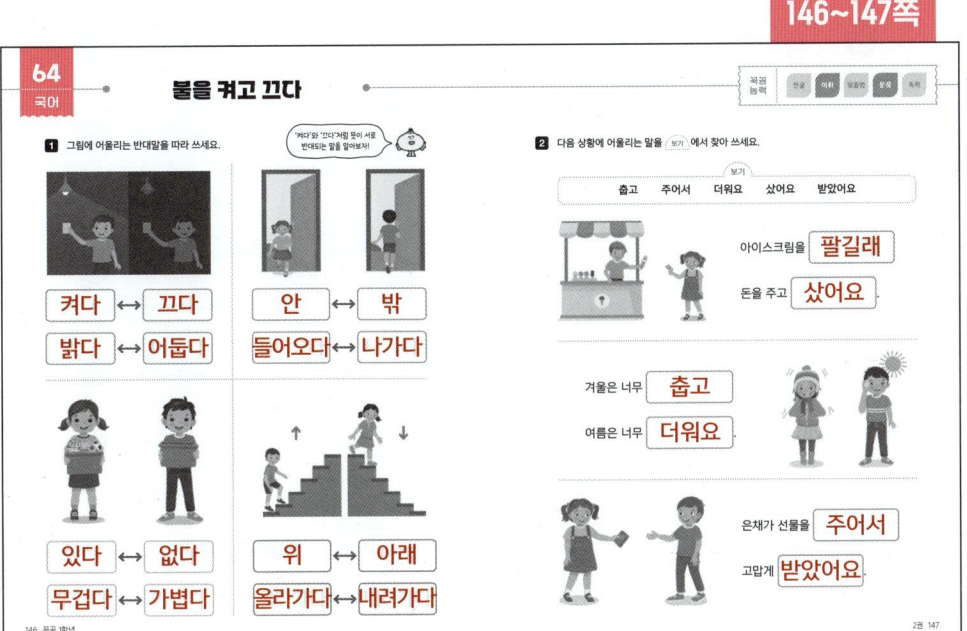

148~149쪽

tip > 더하여 9가 되는 두 수는 9와 0, 8과 1, 7과 2, 6과 3, 5와 4입니다.

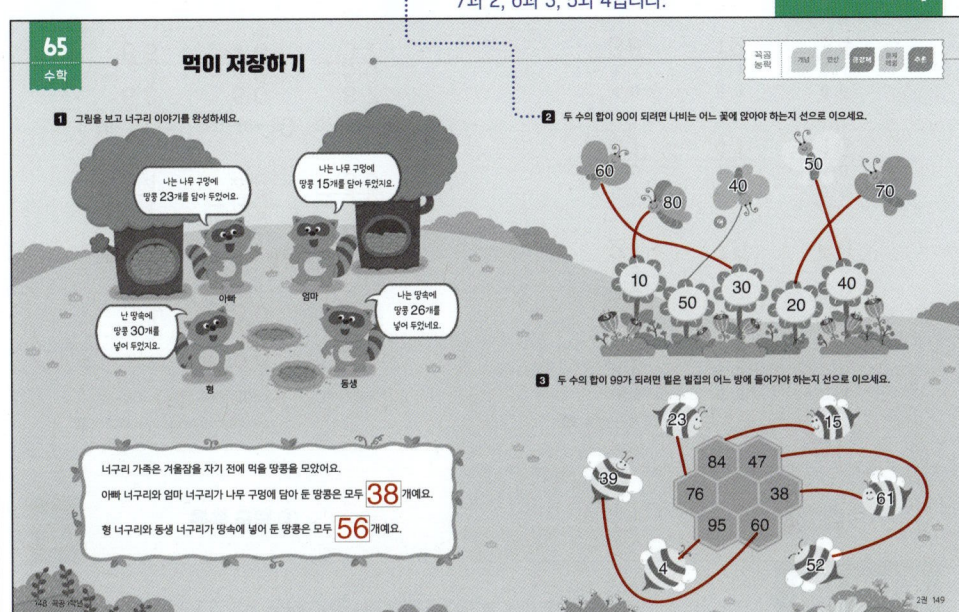

풀이 > (나무 구멍에 담아 둔 땅콩의 수)=23+15=38(개)
(땅속에 넣어 둔 땅콩의 수)=30+26=56(개)

풀이 > 2 60+30=90, 80+10=90,
50+40=90, 70+20=90
3 23+76=99, 39+60=99, 4+95=99,
52+47=99, 61+38=99, 15+84=99

150~151쪽

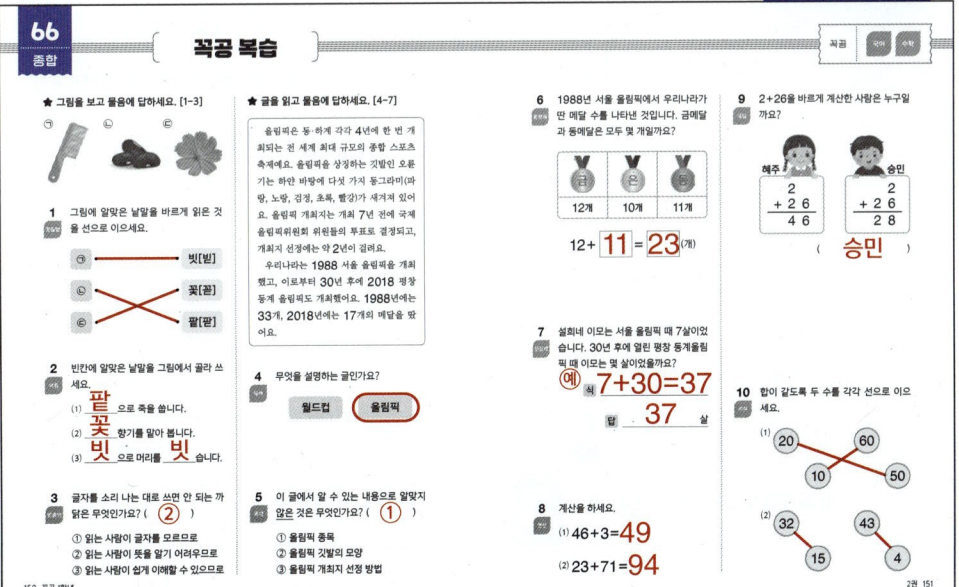

풀이 > 1. 맞춤법
세 가지 그림이 나타내는 낱말은 ㉠ '빗', ㉡ '팥', ㉢ '꽃'입니다.

풀이 > 6. 문장제
(금메달 수)+(동메달 수)
=12+11=23(개)

풀이 > 10. 추론
(1) 20+50=70, 60+10=70
(2) 32+15=47, 43+4=47

꼭공 정답 67~77

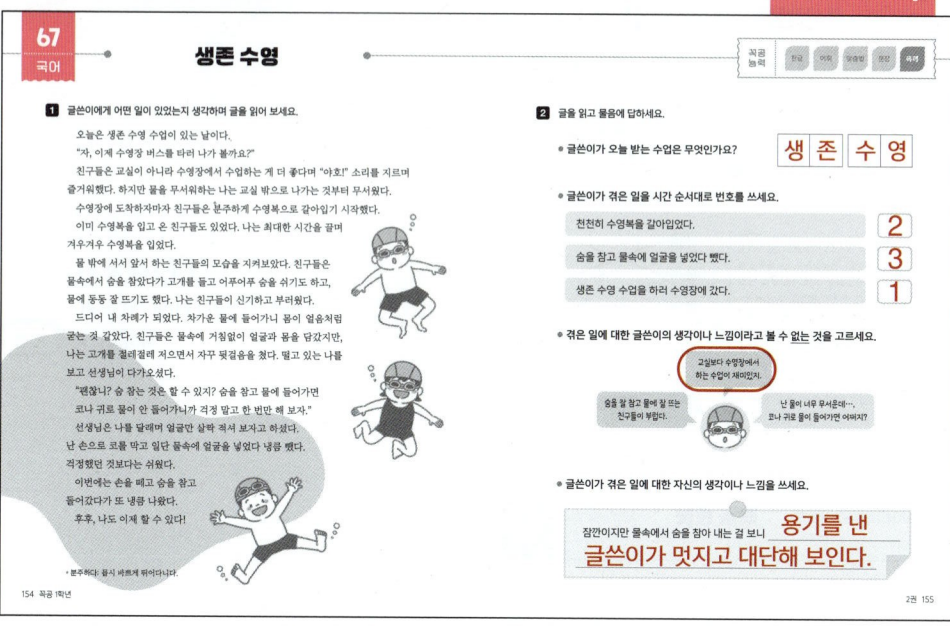

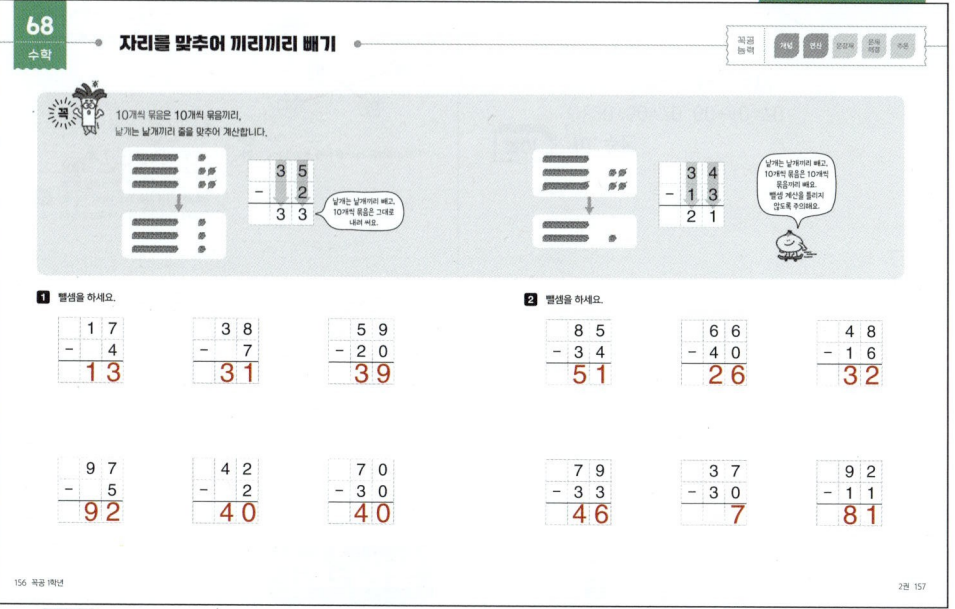

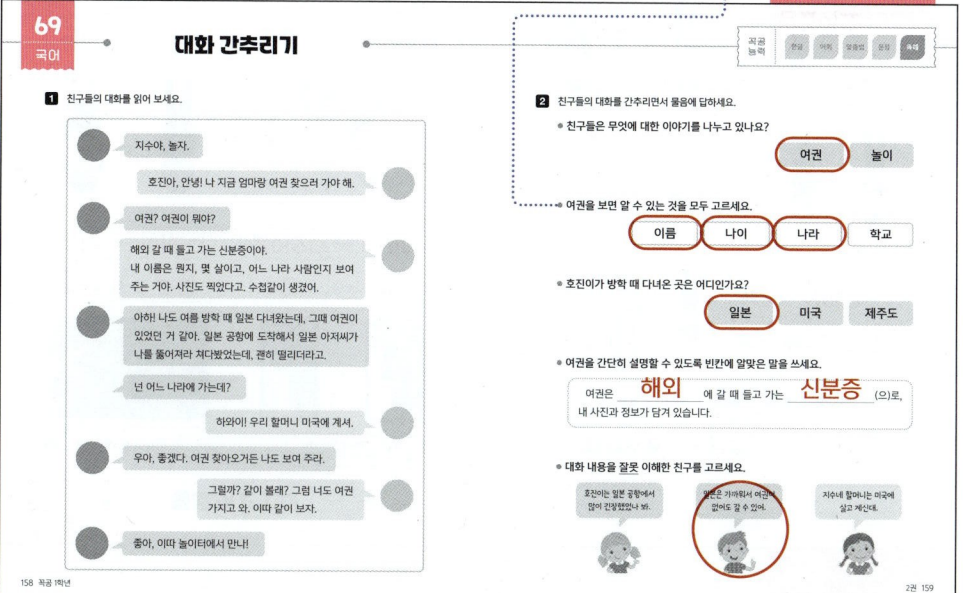

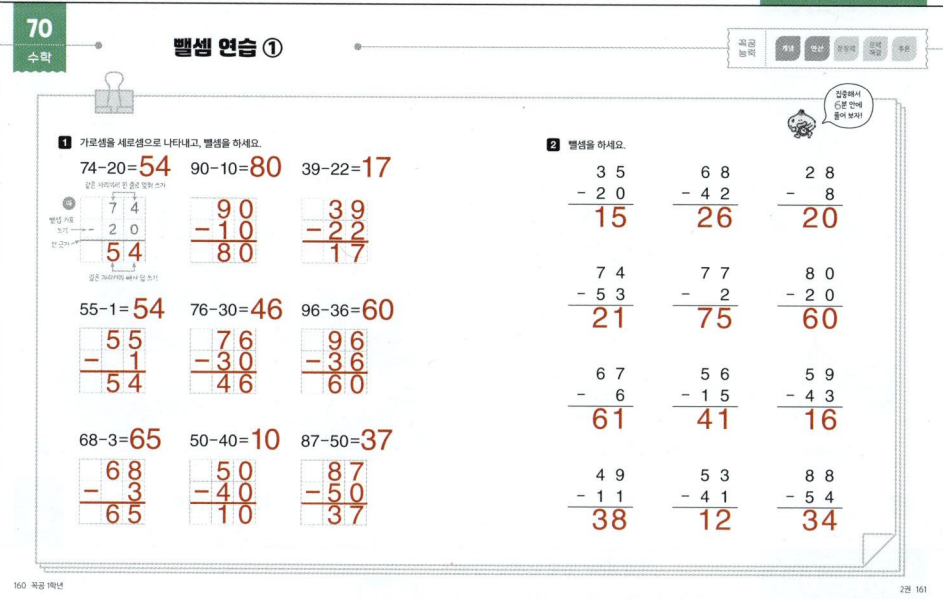

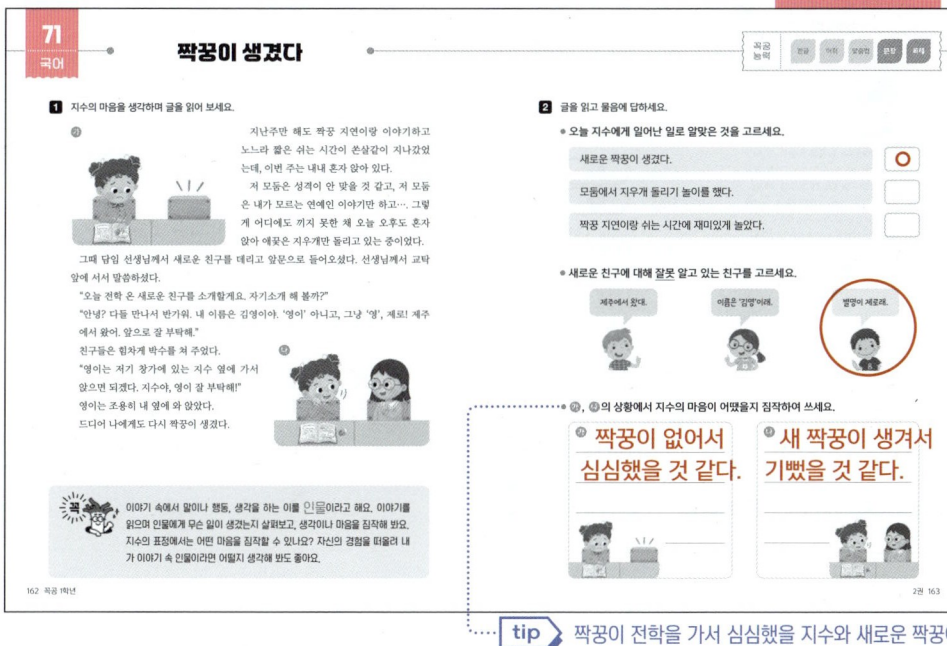
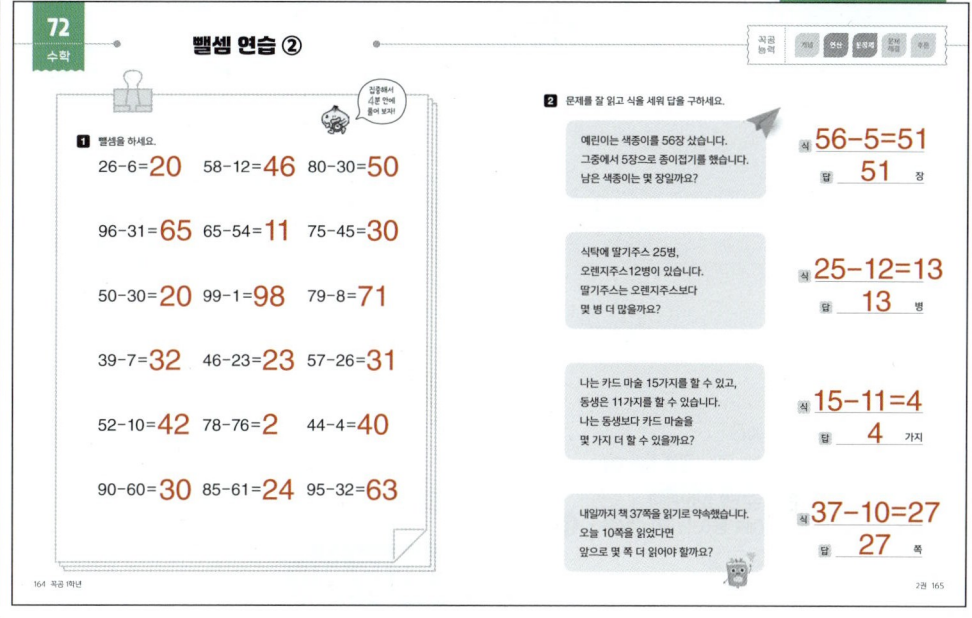

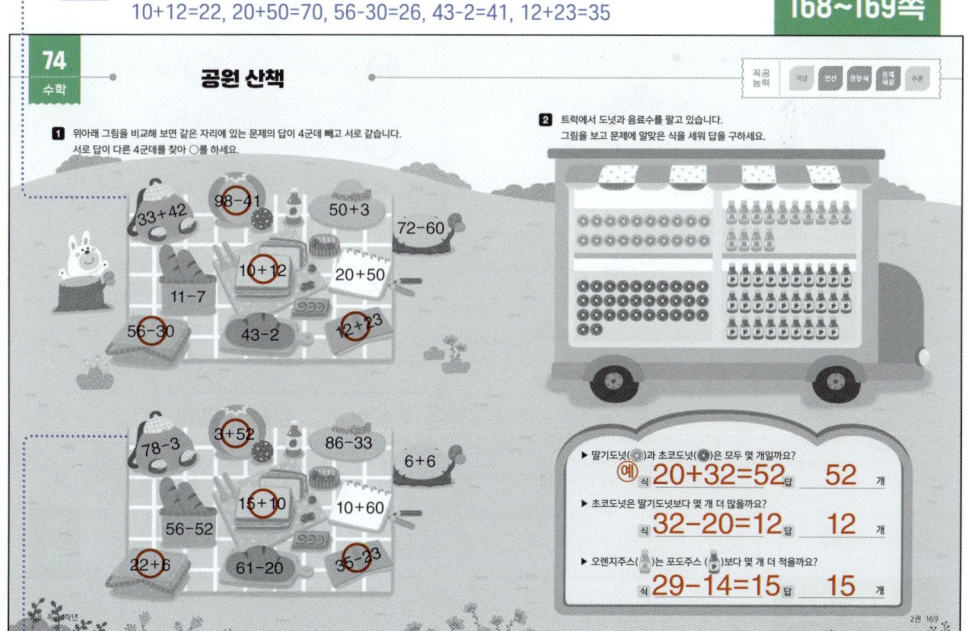

170~171쪽

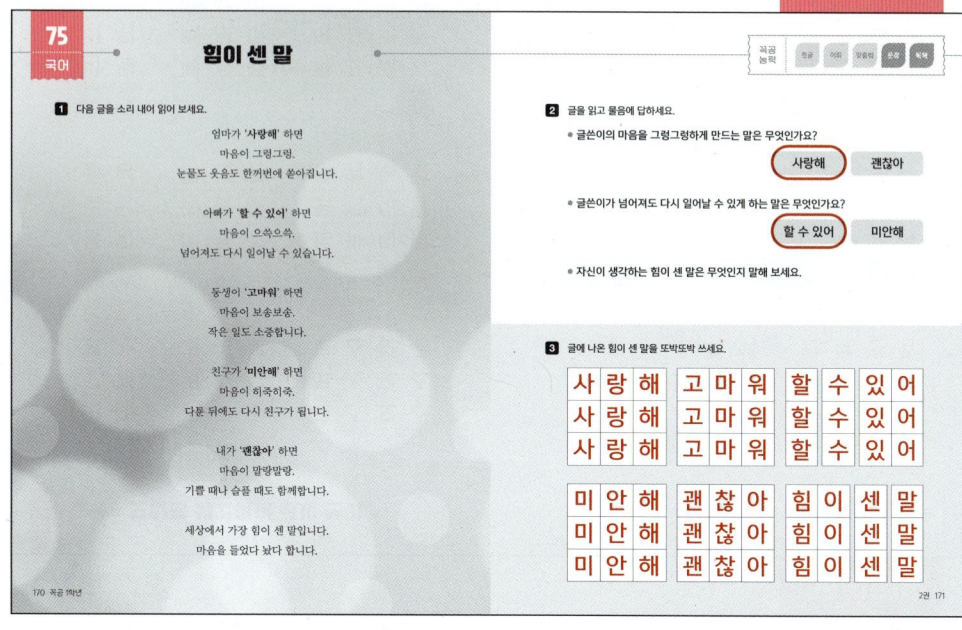

172~173쪽

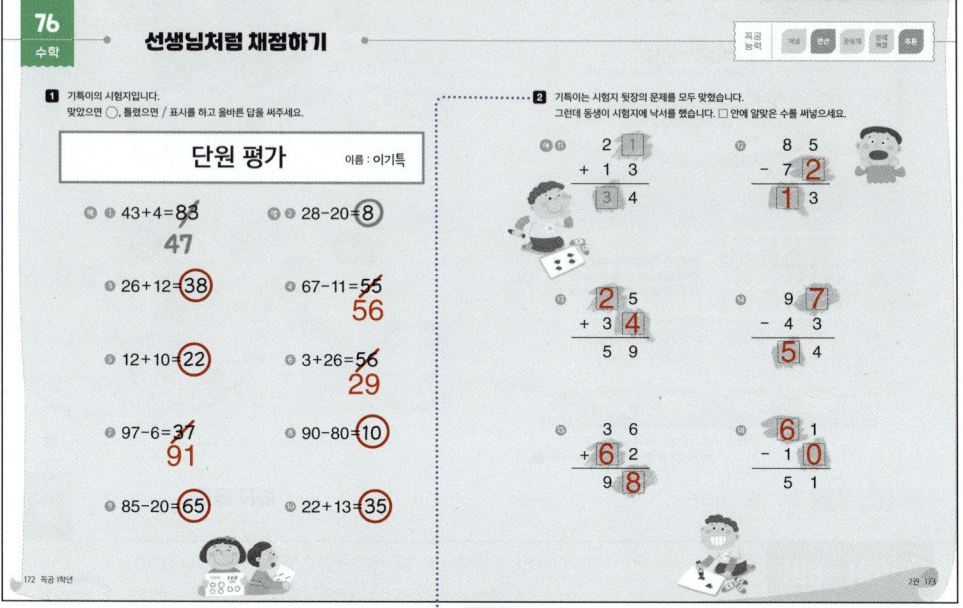

풀이

⑬ · 낱개: 5에 4를 더해야 9가 되므로 □ 안에 4를 써넣어야 합니다.
· 10개씩 묶음: 3을 더해서 5가 되는 수는 2이므로 □ 안에 2를 써넣어야 합니다.

⑯ · 낱개: 1에서 0을 빼야 1이 되므로 □ 안에 0을 써넣어야 합니다.
· 10개씩 묶음: 1을 빼서 5가 되는 수는 6이므로 □ 안에 6을 써넣어야 합니다.

풀이 3. 어휘
'검은'과 반대되는 뜻을 가진 말은 '흰'이고, '더운'과 반대되는 말은 '추운'입니다. '작은'과 반대되는 말은 '큰'입니다.

174~175쪽

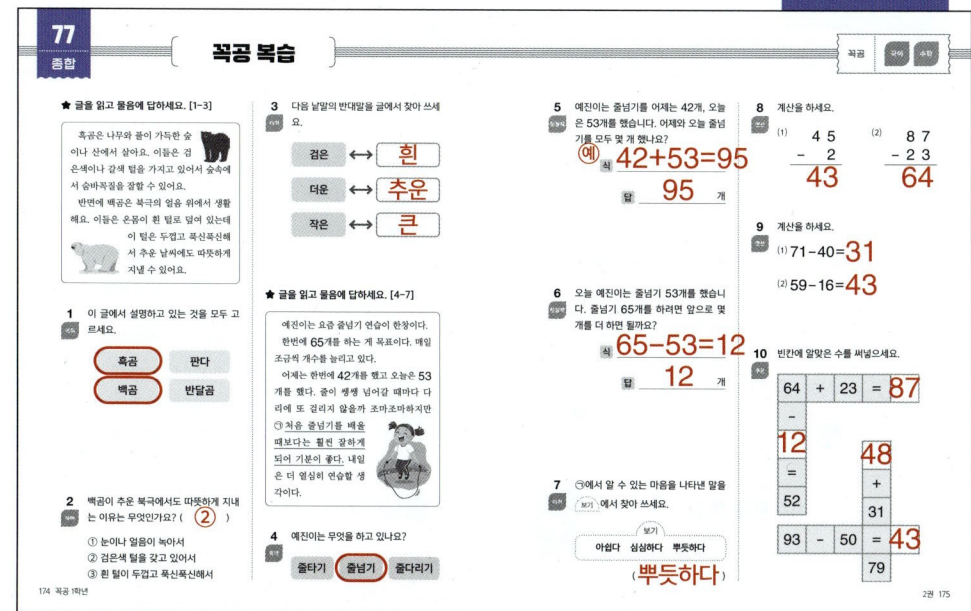

풀이 10. 추론

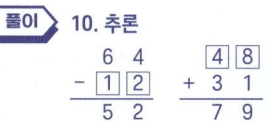

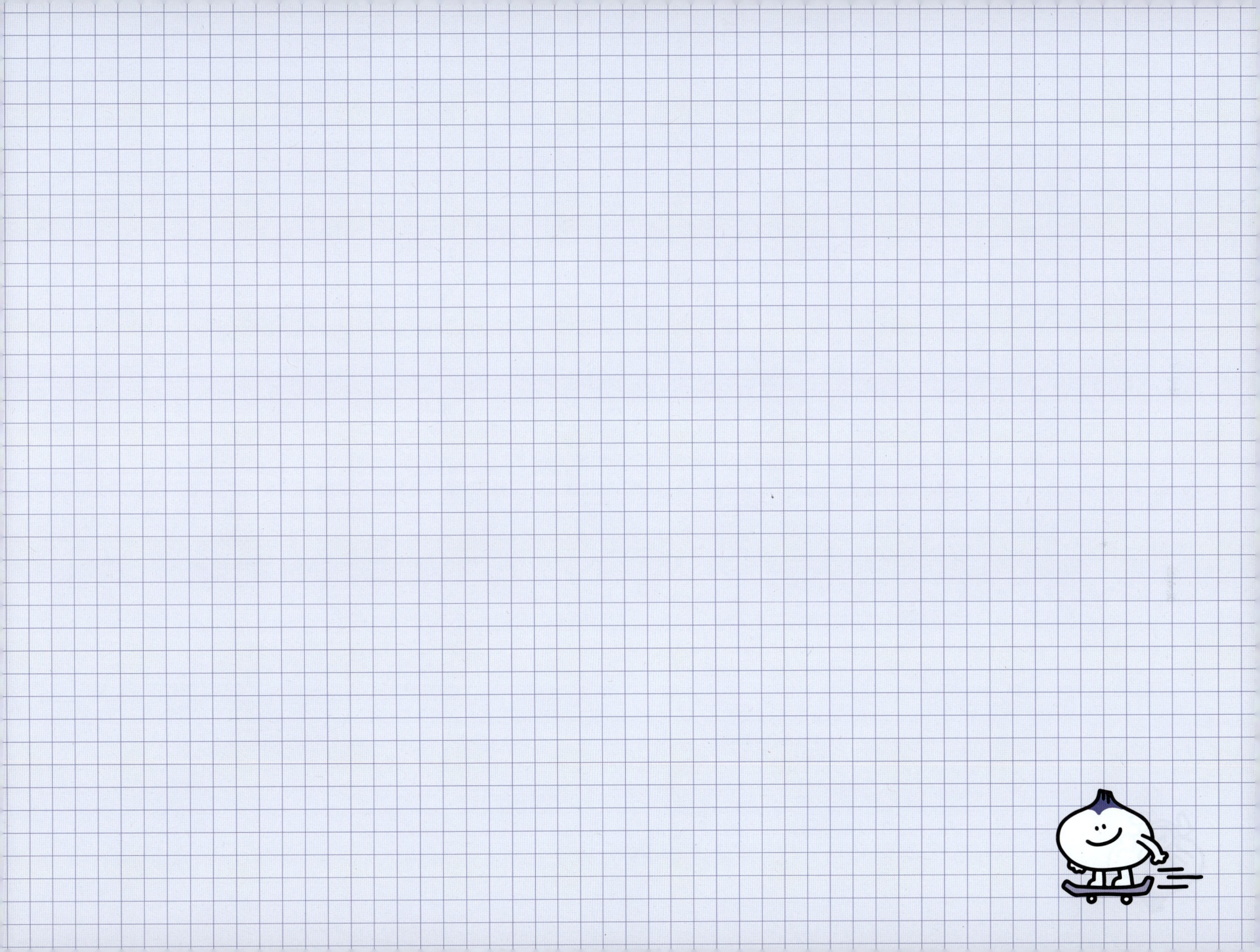

"오늘도 안 팔려가고 있습니다."

기적의 학습서, 제대로 경험하고 싶다면?
학습단에 참여하세요!

꾸준한 학습!
풀다 만 문제집만 수두룩? 기적의 학습서는 스케줄 관리를 통해 꾸준한 학습을 가능케 합니다.

푸짐한 선물!
학습단에 참여하여 꾸준히 공부만 해도 상품권, 기프티콘 등 칭찬 선물이 쏟아집니다.

알찬 학습 팁!
엄마표 학습의 고수가 알려주는 학습 팁과 노하우로 나날이 발전된 홈스쿨링이 가능합니다.

길벗스쿨 공식 카페 〈기적의 공부방〉에서 확인하세요.
http://cafe.naver.com/gilbutschool